Franz Kafka

Ein Landarzt Kleine Erzählungen
Die Verwandlung

In Einfacher Sprache

Inhalt

Der neue Advokat.

Wir haben einen neuen Anwalt. Er heißt Dr. Bucephalus.
Er sieht wirklich ein bisschen aus wie Bucephalus.
Das war das Pferd von Alexander dem Großen. Er war der König von Mazedonien. Wer das weiß, kann noch mehr erkennen.
Ein einfacher Gerichtsdiener hat ihn auf der Treppe beobachtet.
Wie ein Pferd ist Bucephalus die Treppe hinaufgelaufen.
Er hob die Schenkel hoch und trat laut von Stufe zu Stufe.

Die Anwälte haben Bucephalus bei sich aufgenommen.
Sie verstehen seine Lage. Die Gesellschaft hat sich verändert.
Der Name Bucephalus hat in der Geschichte hohe Bedeutung.
Deshalb respektieren sie ihn.

Heute gibt es keinen Alexander den Großen mehr.
Aber es gibt immer noch Mörder. Manche sind sehr geschickt.
Wie Alexander könnten sie mit der Lanze ihren Freund über den Tisch töten. Aber vielen ist Mazedonien zu eng.
Deshalb verfluchen sie Alexanders Vater Philipp.
Aber niemand kann wie Alexander bis nach Indien gelangen.
Indiens Tore waren unerreichbar. Aber er zeigte mit seinem Königsschwert in die Richtung.

Heute sind die Tore woanders. Sie sind weiter und höher.
Niemand zeigt, wo es lang geht. Viele haben Schwerter.
Aber sie fuchteln nur damit herum. Man kann sich nicht nach ihnen orientieren. Vielleicht ist es deshalb wirklich das Beste, in Gesetzbücher zu schauen. So wie Dr. Bucephalus.
Er blättert unter seiner stillen Lampe alte Bücher.
Das Getöse der Alexanderschlacht ist weit weg.

Ein Landarzt.

Ich war in großer Not. Ich musste dringend reisen.
Ein Schwerkranker wartete auf mich. Er war in einem Dorf
zehn Meilen entfernt. Es schneite stark. Ich hatte einen Wagen.
Der Wagen war leicht und hatte große Räder. Er war gut für
unsere Straßen. Ich stand in meinen Pelz gepackt mit der
Instrumenten-Tasche in der Hand auf dem Hof. Aber das Pferd fehlte.

Mein eigenes Pferd starb letzte Nacht. Der eisige Winter hatte es zu sehr
angestrengt. Mein Dienstmädchen suchte im Dorf ein anderes Pferd.
Sie fand keins. Ich stand im Schnee. Der Schnee wurde immer mehr, und
mir wurde immer kälter. Das Mädchen kam zurück.
Sie hatte kein Pferd gefunden. Sie schwenkte eine Laterne.
Niemand wollte sein Pferd verleihen. Ich ging durch den Hof.
Ich fand keine Lösung. Ich trat gegen die Tür des alten Schweine-Stalls.
Die Tür öffnete sich. Es war warm und roch nach Pferden.
Eine Laterne hing an einem Seil. Ein Mann saß im Stall.
Er hatte blaue Augen. Er fragte: „Soll ich die Pferde anspannen?"
Ich sagte nichts und schaute in den Stall. Das Dienstmädchen
stand neben mir. Sie sagte: „Man weiß manchmal nicht, was es
im eigenen Haus gibt." Wir lachten beide. Der Mann rief:
„Hollah, Bruder, hollah, Schwester!"

Zwei große Pferde kamen aus dem Stall. Gleich standen sie aufrecht.
Sie hatten lange Beine. Ihr Körper dampfte. Sie standen eng
beieinander. Sie füllten das ganze Tor aus. „Hilf ihm", sagte ich.
Das Mädchen lief zum Knecht. Sie reichte ihm das Geschirr des Wagens.
Da umarmte der Knecht das Mädchen. Er schlug sein Gesicht an ihres.
Das Mädchen schrie und lief zu mir. Sie hatte einen Abdruck
von zwei Zahnreihen in ihrer Wange. „Du Tier", schrie ich wütend,
„willst du die Peitsche?" Dann erinnerte ich mich, dass er ein
Fremder ist. Er hilft mir freiwillig. Er nahm meine Drohung nicht übel.

Er drehte sich kurz zu mir um. „Steigt ein", sagte er dann.
Alles war bereit.

Ich war noch nie mit so schönen Pferden gefahren. Ich stieg fröhlich ein. „Ich fahre, du kennst den Weg nicht", sagte ich. „Gewiss", sagte er, „ich fahre nicht mit, ich bleibe bei Rosa." „Nein", schrie Rosa und rannte ins Haus. Ich hörte die Türkette klirren. Ich hörte das Schloss einspringen. Ich sah, wie sie alle Lichter löschte. Sie wollte sich verstecken. „Du fährst mit", sagte ich zum Knecht, „oder ich verzichte auf die Fahrt. Ich gebe dir das Mädchen nicht als Bezahlung für die Fahrt."

„Munter!", sagt er und klatscht in die Hände. Der Wagen fährt schnell los. Ich höre noch, wie die Tür meines Hauses zerbricht. Dann höre ich ein lautes Sausen. Plötzlich bin ich vor dem Haus des Kranken. Die Pferde stehen ruhig. Der Schnee-Fall hat aufgehört. Mondlicht ist überall. Die Eltern des Kranken kommen aus dem Haus. Seine Schwester folgt ihnen. Sie helfen mir aus dem Wagen. Ich verstehe ihre verwirrten Worte nicht. Im Kranken-Zimmer ist die Luft schlecht. Der Ofen raucht. Ich werde das Fenster öffnen. Zuerst will ich den Kranken sehen. Der Junge ist mager, ohne Fieber, nicht kalt, nicht warm. Er hat leere Augen und kein Hemd. Er hebt sich unter dem Federbett und hängt sich an meinen Hals. Er flüstert: „Doktor, lass mich sterben." Niemand hat es gehört. Die Eltern warten stumm auf mein Urteil. Die Schwester bringt einen Stuhl für meine Tasche. Ich öffne die Tasche und suche meine Instrumente. Der Junge tastet nach mir und will mich an seine Bitte erinnern. Ich nehme eine Pinzette, prüfe sie im Kerzenlicht und lege sie zurück.

„Ja", denke ich, „in solchen Fällen helfen die Götter. Sie schicken das fehlende Pferd. Sie fügen noch ein zweites Pferd hinzu. Sie spenden auch den Pferde-Knecht." Jetzt denke ich wieder an Rosa.

Was tue ich? Wie rette ich sie? Wie hole ich sie unter dem Pferde-Knecht hervor? Sie ist zehn Meilen entfernt.

Unbeherrschbare Pferde stehen vor meinem Wagen. Die Pferde haben irgendwie ihre Riemen gelockert. Sie stoßen die Fenster von außen auf. Jedes Pferd steckt den Kopf durch ein Fenster. Sie betrachten den Kranken. Die Familie schreit auf. Aber die Pferde bleiben ruhig.
„Ich fahre gleich wieder zurück", denke ich. Die Pferde fordern mich zur Reise auf. Die Schwester glaubt, die Hitze betäubt mich.
Sie nimmt mir den Pelz ab. Ein Glas Rum steht bereit.
Der Alte klopft mir auf die Schulter. Er zeigt so seine Dankbarkeit.
Ich schüttle den Kopf. Bei dem engen Denk-Kreis des Alten wird mir schlecht. Deshalb lehne ich das Getränk ab.

Die Mutter steht am Bett. Sie lockt mich hin. Ich folge ihr.
Ein Pferd wiehert laut zur Zimmer-Decke. Ich lege den Kopf an die Brust des Jungen. Er erschauert unter meinem nassen Bart.
Es bestätigt sich, was ich weiß: Der Junge ist gesund. Er hat nur eine schlechte Durchblutung. Die sorgende Mutter gibt ihm zu viel Kaffee.
Aber er ist gesund. Am besten treibt man ihn mit einem Stoß aus dem Bett. Aber ich bin kein Welt-Verbesserer. Ich lasse ihn liegen.
Ich arbeite für den Bezirk. Ich mache meine Arbeit bis zum Ende.
Meine Arbeit ist fast zu viel. Ich bekomme wenig Geld. Trotzdem helfe ich den Armen. Ich muss noch für Rosa sorgen. Dann will ich auch sterben. Was mache ich in diesem langen Winter? Mein Pferd ist tot.
Niemand im Dorf leiht mir ein Pferd. Ich ziehe mein Gespann aus dem Schweine-Stall. Es sind zufällig Pferde. Sonst musste ich mit Schweinen fahren. So ist es.

Ich nicke der Familie zu. Sie wissen nichts davon. Wenn sie es wüssten, würden sie es nicht glauben. Rezepte schreiben ist leicht.
Mit den Leuten reden ist schwer. Mein Besuch ist zu Ende.
Man hat mich unnötig gerufen. Das passiert oft.

Meine Nacht-Glocke weckt mich oft. Der ganze Bezirk ruft mich nachts. Diesmal musste ich auch Rosa weggeben. Rosa ist ein schönes Mädchen. Sie lebte jahrelang bei mir. Dieses Opfer ist zu groß. Ich muss es mir schönreden. Sonst werde ich wütend auf die Familie. Sie können Rosa nicht zurückgeben.

Ich schließe meine Handtasche. Ich winke nach meinem Pelz. Die Familie steht zusammen. Der Vater riecht am Rumglas. Die Mutter ist enttäuscht und beißt sich auf die Lippen. Die Schwester schwenkt ein blutiges Handtuch. Ich denke, der Junge ist vielleicht doch krank. Ich gehe nochmal zu ihm. Er lächelt mir entgegen. Als würde ich ihm eine starke Suppe bringen. Die Pferde wiehern. Ihr Lärm klingt wie von Vorgesetzten angeordnet und soll wohl die Behandlung erleichtern. Der Junge lächelt mich an. Ich sehe, er ist wirklich krank. Er hat eine große Wunde an der Hüfte. Die Wunde ist rosa und blutig. Würmer kriechen in der Wunde. Sie sind wie mein kleiner Finger. Die Würmer haben weiße Köpfe und viele Beine. Armer Junge, dir kann niemand helfen. Du wirst an dieser Wunde sterben.

Die Familie ist glücklich. Sie sehen mich arbeiten. Die Schwester erzählt es der Mutter. Die Mutter erzählt es dem Vater. Der Vater erzählt es den Gästen. Die Gäste kommen leise herein. Ein Junge flüstert: „Wirst du mich retten?“ Er weint und hat Schmerzen. Die Leute hier erwarten viel vom Arzt. Sie haben den Glauben verloren. Der Pfarrer bleibt zu Hause und zerreißt seine Gewänder. Der Arzt soll alles schaffen. Ich habe mich nicht angeboten. Wenn sie mich brauchen, helfe ich. Ich bin ein alter Landarzt. Mein Dienstmädchen wurde mir geraubt. Die Familie und die Dorfältesten kommen. Sie ziehen mich aus. Ein Schulchor singt vor dem Haus:

„Entkleidet ihn, dann wird er heilen.
Heilt er nicht, tötet ihn.
Es gibt nur einen Arzt."

Ich bin nackt und sehe die Leute an. Ich bleibe ruhig und überlegen. Es hilft mir aber nicht. Sie tragen mich ins Bett. Sie legen mich neben die Wunde.

Alle gehen aus der Stube. Die Tür wird zugemacht. Der Gesang hört auf. Wolken verdecken den Mond. Das Bettzeug ist warm um mich. Pferdeköpfe schwanken im Fenster. Jemand flüstert mir ins Ohr: „Ich vertraue dir nicht. Du bist nutzlos. Du hilfst mir nicht. Du störst mein Sterbebett. Am liebsten will ich dir die Augen auskratzen." Ich antworte: „Ja, es ist schlimm. Aber ich bin Arzt. Was soll ich tun? Es ist auch für mich schwer." Die Stimme sagt: „Soll ich das einfach hinnehmen? Ich muss wohl. Ich habe immer wenig bekommen. Ich wurde mit der Wunde geboren. Das war alles." Ich sage: „Junger Freund, du verstehst nicht alles. Ich war in vielen Krankenzimmern. Deine Wunde ist nicht so schlimm. Sie entstand durch zwei Hiebe der Hacke. Viele bieten ihre Dienste an und wissen nicht um die Gefahren der Hacke im Wald."

„Ist das wahr oder täuschst du mich?"

Ich antworte: „Es ist wahr. Das schwöre ich als Arzt."
Er glaubte mir und wurde ruhig.

Jetzt musste ich an meine Rettung denken. Die Pferde standen noch treu an ihren Plätzen.
Kleider, Pelz und Tasche waren schnell gepackt. Ich wollte mich nicht anziehen. Wenn die Pferde schnell waren, war ich bald zu Hause. Ein Pferd ging vom Fenster weg. Ich warf die Sachen in den Wagen. Der Pelz flog zu weit. Ein Ärmel blieb an einem Haken hangen.

Das war gut genug. Ich stieg auf das Pferd. Die Riemen waren lose. Ein Pferd war kaum mit dem anderen verbunden. Der Wagen folgte unsicher. Der Pelz lag im Schnee. „Schneller!“, sagte ich, aber es ging langsam. Wir zogen wie alte Männer durch den Schnee.
Hinter uns klang noch lange der Gesang der Kinder:

„Freut euch, Patienten,
Der Arzt ist ins Bett gelegt!“

Ich komme so nie nach Hause. Meine gut gehende Praxis ist verloren. Ein Nachfolger stiehlt sie mir. Aber er kann mich nicht ersetzen.
In meinem Haus wütet der Pferde-Knecht. Rosa ist sein Opfer.
Ich will nicht daran denken. Nackt und im Frost treibe ich mich als alter Mann herum. Mein Pelz hängt hinten am Wagen.
Aber ich kann ihn nicht erreichen. Keiner der elenden Patienten hilft mir. Ich bin betrogen! Einmal dem falschen Läuten der Nacht-Glocke gefolgt – das ist nie gutzumachen.

Auf der Galerie.

Man stelle sich vor: Eine kranke Kunstreiterin reitet in der Manege auf einem schwankenden Pferd. Die Zuschauer sind unermüdlich. Ihr erbarmungsloser Chef treibt sie monatelang ohne Unterbrechung mit einer Peitsche an. Das Orchester spielt laut und hört nie auf. Die Ventilatoren laufen immer weiter in die graue Zukunft. Die Kunstreiterin wirft Küsse. Sie wiegt sich in der Taille. Das Spiel geht immer weiter. Der Applaus vergeht und schwillt wieder an wie Dampfhämmer.

Wenn ein junger Besucher so etwas sieht, rennt er wahrscheinlich von der Galerie die Treppe hinunter, stürzt in die Manege und ruft: „Halt!"

Aber so ist es ja nicht. Eine schöne Frau in Weiß und Rot fliegt herein. Diener öffnen ihr die Vorhänge. Der Direktor schaut ihr in die Augen. Er hebt sie auf ein Pferd. Er behandelt sie wie seine Enkelin, die sich auf eine gefährliche Fahrt begibt. Er kann sich nicht entschließen, das Zeichen zu geben. Dann knallt er mit der Peitsche. Das ist das Zeichen. Er läuft mit offenem Mund neben dem Pferd her. Er beobachtet die Reiterin genau. Er versteht ihre Kunst kaum. Er will sie mit englischen Ausrufen warnen. Er ermahnt die Helfer zur Vorsicht. Vor dem gefährlichsten Sprung, dem Salto Mortale bittet er das Orchester um Ruhe. Er hebt die kleine Frau vom zitternden Pferd. Er küsst sie auf beide Backen. Er findet den Applaus nicht genug. Sie steht auf den Zehenspitzen, vom Staub umweht, mit ausgebreiteten Armen und zurückgelehntem Köpfchen. Sie teilt ihr Glück mit dem Zirkus.

So ist es in Wirklichkeit. Der Zuschauer legt sein Gesicht auf die Brüstung. Er weint beim Schlussmarsch. Und merkt es nicht einmal.

Ein altes Blatt.

Offenbar ist viel vernachlässigt worden in der Verteidigung unseres Landes. Wir haben uns bisher nicht gekümmert. Wir haben gearbeitet. Die letzten Ereignisse machen uns aber Sorgen.

Ich habe eine Schusterwerkstatt auf dem Platz vor dem kaiserlichen Palast. Morgens öffne ich meinen Laden. Ich sehe sofort Bewaffnete an den Eingängen der Gassen. Es sind keine unserer Soldaten. Es sind Nomaden aus dem Norden. Sie sind in die Hauptstadt gekommen. Die Hauptstadt ist weit von der Grenze entfernt. Jeden Morgen werden es anscheinend mehr.

Die Nomaden lagern unter freiem Himmel. Sie mögen keine Wohnhäuser. Sie schärfen Schwerter und spitzen Pfeile zu. Sie üben mit ihren Pferden. Der Platz ist jetzt ein großer Stall. Wir versuchen manchmal, aus unseren Geschäften zu kommen und den Platz sauber zu halten. Es ist aber ziemlich nutzlos und gefährlich. Wir könnten unter die wilden Pferde kommen oder von Peitschen getroffen werden.

Mit den Nomaden kann man nicht sprechen. Sie kennen unsere Sprache nicht. Sie haben kaum eine eigene Sprache. Sie verständigen sich wie Dohlen. Man hört oft den Schrei der Dohlen.

Unsere Lebensweise ist ihnen egal. Sie verstehen unsere Einrichtungen nicht. Sie lehnen Zeichensprache ab. Du kannst dich anstrengen, sie verstehen dich nicht. Sie werden dich nie verstehen. Oft machen sie Grimassen. Ihre Augen drehen sich, und Schaum kommt aus ihrem Mund. Sie wollen damit nichts sagen. Sie erschrecken auch niemanden. Es ist einfach ihre Art.

Was sie brauchen, nehmen sie sich einfach. Sie benutzen keine Gewalt. Man tritt beiseite und lässt ihnen alles. Auch von meinen Vorräten haben sie viel genommen. Ich klage nicht darüber. Beim Fleischer ist es schlimmer. Kaum bringt er Fleisch, nehmen sie alles weg. Die Nomaden essen es sofort. Auch ihre Pferde fressen Fleisch. Oft essen Reiter und Pferd vom gleichen Stück Fleisch.

Der Fleischer hat Angst. Er liefert weiter Fleisch.
Wir verstehen das und sammeln Geld für ihn. Wir unterstützen ihn.
Wenn die Nomaden kein Fleisch bekommen, könnte Schlimmes passieren. Aber auch mit Fleisch weiß man nicht, was sie tun werden.

Der Fleischer wollte sich das Schlachten sparen. Er brachte einen lebendigen Ochsen. Das darf er nie wieder machen. Ich lag eine Stunde lang in meiner Werkstatt. Ich bedeckte mich mit Kleidern und Decken. Ich wollte das Gebrüll des Ochsen nicht hören. Die Nomaden sprangen auf den Ochsen und bissen einzelne Stücke aus seinem zarten Fleisch.
Es war lange still, bevor ich mich traute, hinauszugehen.
Die Nomaden lagen müde um die Reste des Ochsen.
Wie Trinker um ein Weinfass.

Ich glaubte, den Kaiser im Fenster des Palastes gesehen zu haben.
Der Kaiser kommt sonst nie in diese Räume. Er lebt immer im innersten Garten. Doch diesmal stand er am Fenster und schaute mit gesenktem Kopf auf das Treiben vor seinem Schloss.

Wir fragen uns: „Wie wird das weiter gehen?“ „Wie lange ertragen wir diese Last?“ Der Palast hat die Nomaden angelockt.
Er kann sie aber nicht vertreiben. Das Tor bleibt verschlossen.
Die Wache bleibt hinter vergitterten Fenstern. Wir Handwerker und Geschäftsleute sollen das Land retten. Wir sind dieser Aufgabe nicht gewachsen. Wir haben nie behauptet, das zu können.
Das ist ein Missverständnis. Wir gehen daran zugrunde.

Vor dem Gesetz.

Vor dem Gesetz steht ein Türhüter. Zu diesem Türhüter kommt ein Mann vom Lande und bittet um Eintritt in das Gesetz. Der Türhüter sagt, er kann jetzt nicht eintreten. Der Mann fragt, ob er später eintreten darf. Der Türhüter sagt, es ist möglich, aber jetzt nicht. Das Tor zum Gesetz steht offen. Der Türhüter tritt beiseite. Der Mann bückt sich, um hinein zu sehen. Der Türhüter lacht und sagt: „Versuche es, trotz meines Verbots. Aber merke: Ich bin mächtig. Und ich bin nur der unterste Türhüter. Es gibt viele Türhüter, einer mächtiger als der andere. Schon den dritten Türhüter kann ich nicht ertragen." Der Mann hat solche Schwierigkeiten nicht erwartet. Er denkt, das Gesetz soll jedem zugänglich sein. Er sieht den Türhüter genauer an. Der Türhüter trägt einen Pelzmantel, hat eine große Spitznase und einen langen, dünnen, schwarzen Bart. Der Mann entscheidet sich zu warten, bis er die Erlaubnis bekommt. Der Türhüter gibt ihm einen Schemel. Der Mann setzt sich seitwärts von der Tür. Dort sitzt er Tage und Jahre. Er versucht oft, eingelassen zu werden. Er ermüdet den Türhüter mit seinen Bitten.

Der Türhüter stellt oft Fragen. Er fragt nach der Heimat des Mannes. Er erkundigt sich nach vielen Dingen. Die Fragen sind aber ohne Interesse. Am Ende sagt der Türhüter immer: „Ich kann dich noch nicht reinlassen." Der Mann hat viele Dinge für seine Reise mitgebracht. Er gibt dem Türhüter alles, um ihn zu bestechen. Der Türhüter nimmt alles an. Er sagt: „Ich nehme es nur an, damit du nichts bereust." Der Mann beobachtet den Türhüter viele Jahre. Er vergisst die anderen Türhüter. Der erste Türhüter scheint das einzige Hindernis zu sein. Der Mann flucht in den ersten Jahren laut. Später, als er alt wird, murmelt er nur noch. Er wird kindisch. Er sieht sogar die Flöhe im Pelzkragen des Türhüters. Er bittet die Flöhe um Hilfe. Sein Augenlicht wird schwach. Er weiß nicht, ob es wirklich dunkler wird oder ob seine Augen ihn täuschen. Er sieht einen Glanz aus

der Tür des Gesetzes. Der Mann lebt nicht mehr lange.
Vor seinem Tod hat er eine letzte Frage an den Türhüter.

Er winkt ihm zu. Er kann seinen Körper nicht mehr aufrichten. Der Türhüter beugt sich tief zu ihm. Der Mann ist viel kleiner geworden. „Was willst du jetzt noch wissen?“, fragt der Türhüter. „Du bist unersättlich.“ Der Mann sagt: „Alle wollen zum Gesetz. Warum wollte außer mir niemand rein?“ Der Türhüter erkennt, dass der Mann bald stirbt. Er schreit, damit der Mann ihn hört: „Hier konnte niemand anderes rein. Dieser Eingang war nur für dich. Ich gehe jetzt und schließe ihn.“

Schakale und Araber.

Wir lagerten in der Oase. Die Gefährten schliefen. Ein großer, weißer Araber kam vorbei. Er hatte die Kamele versorgt und ging schlafen. Ich legte mich ins Gras. Ich wollte schlafen, konnte aber nicht. Ein Schakal heulte in der Ferne. Ich setzte mich auf. Plötzlich waren viele Schakale um mich herum. Ihre Augen glänzten im matten Gold. Ihre schlanken Körper bewegten sich schnell. Einer kam von hinten und drängte sich unter meinem Arm durch. Er trat vor mich und sprach: „Ich bin der älteste Schakal hier. Ich bin froh, dich hier zu sehen. Ich hatte fast die Hoffnung aufgegeben. Wir warten sehr lange auf dich. Meine Mutter hat gewartet. Ihre Mutter hat auch gewartet. Alle Mütter haben gewartet. Glaube es!"

„Das wundert mich", sagte ich. Ich vergaß das Holz anzuzünden. Der Rauch sollte die Schakale abhalten. „Das wundert mich sehr. Ich komme zufällig aus dem Norden. Ich mache eine kurze Reise. Was wollt ihr, Schakale?"

Die Schakale waren nun beruhigt. Sie kamen noch näher. Alle atmeten kurz und fauchend.

„Du kommst aus dem Norden", sagte der Älteste. „Das wissen wir. Deshalb hoffen wir. Dort gibt es Verstand. Bei den Arabern gibt es keinen Verstand. Sie töten Tiere zum Essen. Aas mögen sie nicht."

„Rede nicht so laut", sagte ich. „Araber schlafen in der Nähe."

„Du bist wirklich ein Fremder", sagte der Schakal. „Ein Schakal hat noch nie einen Araber gefürchtet. Warum sollten wir sie fürchten? Es ist schon schlimm genug, bei ihnen zu leben."

„Vielleicht hast du recht", sagte ich. „Ich kenne mich nicht aus.

Es scheint ein alter Streit zu sein. Vielleicht endet er erst mit Blut."

„Du bist sehr klug", sagte der alte Schakal. Alle atmeten schneller. Ein schlechter Geruch kam aus ihren Mäulern. „Du bist sehr klug. Was du sagst, passt zu unserer alten Lehre. Wir nehmen ihnen ihr Blut und der Streit endet."

„Oh!", sagte ich wilder als gewollt. „Sie werden sich wehren. Sie werden euch mit Flinten erschießen."

„Du verstehst uns falsch", sagte er. „Wir töten sie nicht. Der Nil hätte nicht genug Wasser, um uns zu reinigen. Wir laufen vor ihrem Anblick weg, in die Wüste, unsere Heimat."

Alle Schakale senkten ihre Köpfe und putzten sich mit den Pfoten. Es sah aus, als wollten sie etwas Schreckliches verbergen. Ich wollte wegspringen.

„Was wollt ihr also tun?", fragte ich. Ich wollte aufstehen. Aber ich konnte nicht. Zwei junge Tiere hatten sich in meinen Rock und mein Hemd verbissen. Ich musste sitzen bleiben.

„Sie halten deine Schleppe", sagte der alte Schakal ernsthaft. „Eine Ehrbezeugung."

„Sie sollen mich loslassen!", rief ich, bald zum Alten, bald zu den Jungen gewendet.

„Sie werden es tun", sagte der Alte, „wenn du es verlangst. Es dauert aber etwas, denn sie haben sich festgebissen und müssen erst langsam loslassen. Sie wollen dir damit ihre Ehre erweisen. Inzwischen höre unsere Bitte." „Euer Verhalten hat mich nicht überzeugt", sagte ich. „Lass' uns unser Ungeschick nicht entgelten," sagte er. Er sprach jetzt klagend. „Wir sind arme Tiere, wir haben nur das Gebiss, für alles, was wir tun wollen, das Gute und das Schlechte, bleibt uns nur das Gebiss." „Was willst du also?" fragte ich, nur wenig besänftigt.

„Herr," rief er, und alle Schakale heulten auf, in der Ferne klang es wie eine Melodie. „Herr, du sollst den Streit beenden, der die Welt entzweit. Du bist der, den unsere Alten beschrieben haben, der es tun wird. Frieden müssen wir haben von den Arabern, saubere Luft, einen klaren Horizont, kein Klagegeschrei eines Hammels, den der Araber schlachtet, ruhig soll alles Getier sterben, ungestört sollen wir es leertrinken und bis auf die Knochen reinigen. Reinheit, nichts als Reinheit wollen wir," – und nun weinten, schluchzten alle – „wie erträgst du es in dieser Welt, du edles Herz? Schmutz ist ihr Weiß. Schmutz ist ihr Schwarz. Ihr Bart ist schrecklich. Man muss spucken, wenn man ihre Augen sieht. Wenn sie den Arm heben, stinkt es. Darum, o Herr, schneide ihnen mit dieser Schere die Hälse durch!"

Ein Schakal kam herbei. Er trug eine rostige Nähschere.

„Also endlich die Schere und damit Schluss!", rief der Araberführer. Er schlich sich an uns heran und schwang seine Peitsche. Alles lief schnell weg. In einiger Entfernung blieben die Tiere zusammengekauert. Sie sahen aus wie eine schmale Hürde, umflogen von Irrlichtern.

„Du hast das Schauspiel gesehen und gehört," sagte der Araber und lachte. „Weißt du, was die Tiere wollen?" fragte ich. „Natürlich", sagte er und lachte. „Das ist bekannt. Die Schere wandert durch die Wüste mit uns bis ans Ende der Tage. Jedem Europäer wird sie angeboten für das große Werk. Jeder Europäer scheint berufen zu sein. Diese Tiere haben eine unsinnige Hoffnung. Sie sind Narren.

Wir lieben sie deshalb, es sind unsere Hunde, schöner als die Eurigen. Sieh nur, ein Kamel ist in der Nacht verendet. Ich habe es herschaffen lassen."

Vier Träger kamen und warfen den schweren Kadaver vor uns hin. Kaum lag er da, erhoben die Schakale ihre Stimmen. Wie von Stricken unwiderstehlich jeder einzelne gezogen, kamen sie, stockend und mit dem Leib den Boden streifend, heran. Sie hatten die Araber vergessen, den Hass vergessen. Die alles auslöschende Gegenwart des stark ausdunstenden Leichnams bezauberte sie. Schon hing einer am Hals und fand mit dem ersten Biss die Schlagader. Wie eine kleine rasende Pumpe, die ebenso unbedingt wie aussichtslos einen übermächtigen Brand löschen will, zerrte und zuckte jeder Muskel seines Körpers an seinem Platz. Und schon lagen in gleicher Arbeit alle auf dem Leichnam hoch zu Berg.

Da strich der Führer kräftig mit der scharfen Peitsche kreuz und quer über sie. Sie hoben die Köpfe, halb in Rausch und Ohnmacht, sahen die Araber vor sich stehen, bekamen jetzt die Peitsche mit den Schnauzen zu fühlen, zogen sich im Sprung zurück und liefen eine Strecke rückwärts. Aber das Blut des Kamels lag schon in Lachen da, rauchte empor, der Körper war an mehreren Stellen weit aufgerissen. Sie konnten nicht widerstehen, wieder waren sie da, wieder hob der Führer die Peitsche, ich fasste seinen Arm.

„Du hast Recht, Herr", sagte er, „wir lassen sie bei ihrem Beruf, auch ist es Zeit aufzubrechen. Gesehen hast du sie. Wunderbare Tiere, nicht wahr? Und wie sie uns hassen!"

Ein Besuch im Bergwerk.

Heute waren die obersten Ingenieure bei uns. Sie sollen neue Stollen planen. Deshalb kamen sie und machten erste Messungen.
Wie jung diese Leute sind und dabei schon so verschiedenartig!
Sie haben sich alle frei entwickelt, und so frei zeigt sich ihr klar bestimmtes Wesen schon in jungen Jahren.
Einer hat schwarze Haare und ist lebhaft. Er schaut sich alles genau an.

Ein Zweiter hat einen Notizblock. Er macht Notizen und vergleicht.

Ein Dritter hat die Hände in den Taschen. Er geht aufrecht und beißt sich auf die Lippen.

Ein Vierter erklärt dem Dritten Dinge, die dieser nicht wissen will. Er läuft neben ihm her und hat ständig den Zeigefinger in der Luft.

Ein Fünfter ist vielleicht der Oberste im Rang. Er will keine Begleitung. Er geht mal vorne und mal hinten. Die anderen richten ihren Schritt nach ihm. Er ist blass und schwach. Die Verantwortung macht ihn müde. Oft drückt er beim Nachdenken die Hand an die Stirn.

Der Sechste und Siebente gehen ein wenig gebückt, Kopf an Kopf, Arm in Arm. Sie sprechen vertraut miteinander. Wir sind hier in unserem Kohlenbergwerk und an unserem Arbeitsplatz im tiefsten Stollen. Sonst könnte man glauben, diese knochigen, bartlosen, knollennasigen Herren sind junge Geistliche. Einer lacht leise. Der andere spricht und bewegt die Hand im Takt. Diese zwei Herren sind sicher in ihrer Stellung. Sie haben sich im Bergwerk verdient gemacht. Sie beschäftigen sich nicht mit der aktuellen Aufgabe. Vielleicht bemerken sie trotzdem, was nötig ist. Man kann schwer über sie urteilen.

Der Achte ist aufmerksam. Er ist mehr bei der Sache als die anderen.

Er fasst alles an. Er benutzt einen kleinen Hammer. Manchmal kniet er in den Schmutz. Er trägt dabei elegante Kleidung. Er beklopft den Boden. Manchmal klopft er im Gehen die Wände oder die Decke ab. Einmal lag er still auf dem Boden. Wir dachten, es sei ein Unglück passiert. Dann sprang er plötzlich auf. Er hatte nur eine Untersuchung gemacht. Wir kennen unser Bergwerk und seine Steine.
Was dieser Ingenieur untersucht, verstehen wir nicht.

Ein anderer Ingenieur schiebt einen Kinderwagen. Im Wagen liegen Messgeräte. Die Geräte sind sehr wertvoll. Sie liegen in weicher Watte. Eigentlich sollte der Diener den Wagen schieben. Aber der Ingenieur vertraut ihm nicht. Der Ingenieur schiebt den Wagen gern.
Er ist wohl der Jüngste. Vielleicht versteht er die Geräte noch nicht ganz.
Er schaut immer auf die Geräte. Manchmal stößt er fast an eine Wand.

Ein weiterer Ingenieur geht neben dem Wagen.
Er verhindert das Anstoßen. Dieser Ingenieur versteht die Geräte gut.
Er scheint für die Geräte verantwortlich zu sein.

Manchmal nimmt er ein Teil aus dem Wagen. Er hält den Wagen nicht an. Er schaut durch das Teil. Er schraubt es auf oder zu.
Er schüttelt und klopft es. Er hält es ans Ohr und hört.
Dann legt er das Teil vorsichtig zurück in den Wagen.
Der Fahrer steht oft still dabei. Der Ingenieur ist ein wenig streng.
Er ist streng wegen der Apparate. Zehn Schritte vor dem Wagen müssen wir zur Seite gehen. Das zeigt er uns mit einem Fingerzeichen.
Auch wenn kein Platz ist, müssen wir ausweichen.

Hinter den beiden Herren geht der Diener. Er hat nichts zu tun.
Die Herren sind sehr klug und bescheiden. Der Diener ist aber stolz.
Eine Hand hat er im Rücken. Mit der anderen Hand streicht er über seine Knöpfe oder seinen Rock. Er nickt oft nach rechts und links.
Es sieht aus, als ob er uns grüßt. Wir grüßen ihn aber nicht.

Trotzdem wirkt er wichtig. Er ist Kanzleidiener der Bergdirektion.
Wir lachen hinter ihm. Er dreht sich aber nie um.
So bleibt er für uns unverständlich, aber respektiert.

Heute wird wenig gearbeitet. Die Unterbrechung war zu lang.
Ein Besuch lenkt von der Arbeit ab. Es ist spannend,
den Herren nachzusehen. Sie sind im Probestollen verschwunden.
Unsere Arbeitsschicht endet bald. Wir sehen die Herren nicht
mehr zurückkommen.

Das nächste Dorf.

Mein Großvater sagte: „Das Leben ist sehr kurz.
In der Erinnerung wirkt es noch kürzer.
In meiner Erinnerung drängt es sich in mir stark zusammen.
Ich verstehe nicht einmal, wie ein junger Mensch ins nächste Dorf reiten kann. Man muss fürchten, die Zeit eines gewöhnlichen, glücklich ablaufenden Lebens reicht dafür nicht."

Eine kaiserliche Botschaft.

Der Kaiser hat dir eine Botschaft gesendet. Du bist ein einfacher Untertan. Der Kaiser hat die Botschaft von seinem Sterbe-Bett gesendet. Der Bote kniete am Bett und hörte die Botschaft. Der Kaiser ließ sich die Botschaft wiederholen. Er nickte, um die Richtigkeit zu bestätigen.

Vor allen Zuschauern seines Todes hat er den Boten geschickt. Der Bote ist kräftig und unermüdlich. Er bahnt sich seinen Weg durch die Menge. Er zeigt das Zeichen der Sonne auf seiner Brust. Die Menge ist sehr groß. Ihre Häuser enden nie. Auf freiem Feld würde er fliegen. Aber er kämpft sich durch den Palast. Er wird es nie schaffen. Selbst wenn er es schafft, muss er weiterkämpfen. Er muss Treppen hinabsteigen und Höfe durchqueren. Dann kommt der nächste Palast. Das geht so weiter für sehr lange Zeit. Selbst wenn er das äußere Tor erreicht, kommt die Stadt. Niemand kann hier durchkommen, besonders nicht mit der Botschaft eines Toten.

Du aber sitzt am Fenster und erträumst sie dir. Und es wird Abend.

Ich kann das tief in mir selbst fühlen. Meine eigene Seele glüht. Dieses Bild von Treue und Zärtlichkeit verfolgt mich überall. Ich habe so eine reine Sehnsucht noch nie erlebt. Ich habe so eine dringende Begierde und das heiße, sehnliche Verlangen nie so klar gesehen oder geträumt.

Bitte sei nicht böse. Aber ich bin sehr berührt. Ich denke immer an diese Reinheit und Ehrlichkeit. Das Bild von dieser Treue und Liebe verfolgt mich überall. Es macht mich sehr sehnsüchtig.

Ich will diese Frau bald sehen. Nein, ich will es vermeiden.
Es ist besser, ich sehe sie mit den Augen ihres Freundes.
Vielleicht sieht sie ganz anders aus als ich denke.
Warum sollte ich mir das schöne Bild kaputt machen?

Die Sorge des Hausvaters.

Einige sagen, das Wort Odradek kommt aus dem Slawischen.
Andere sagen, es kommt aus dem Deutschen und wurde vom Slawischen beeinflusst. Beide Deutungen sind unsicher.
Daher ist keine richtig. Man kann keinen Sinn des Wortes finden.

Niemand würde sich damit beschäftigen, wenn es Odradek nicht gäbe.
Odradek sieht aus wie eine flache sternartige Zwirnspule.
Es scheint mit Zwirn bezogen zu sein. Der Zwirn ist alt und verknotet.
Er hat verschiedene Farben.

Odradek ist nicht nur eine Spule. Aus der Mitte kommt ein kleines Querstäbchen. An dieses Stäbchen fügt sich im rechten Winkel noch eines. Mit diesen Stäbchen kann Odradek aufrecht stehen.

Man könnte denken, Odradek hatte früher eine nützliche Form.
Jetzt ist es zerbrochen.

Es gibt keine Anzeichen dafür. Es gibt keine Bruchstellen.
Alles wirkt abgeschlossen. Mehr kann man nicht sagen.
Odradek ist sehr beweglich und nicht zu fangen.

Er ist mal auf dem Dachboden. Er ist mal im Treppenhaus.
Er ist mal auf den Gängen oder im Flur. Manchmal sieht man ihn monatelang nicht. Dann ist er wohl in anderen Häusern.
Aber er kommt immer zurück.

Manchmal steht er am Treppengeländer. Dann hat man Lust, ihn anzusprechen. Man stellt ihm einfache Fragen. „Wie heißt du?“, fragt man ihn. „Odradek“, sagt er. „Wo wohnst du?“ „Unbestimmter Wohnsitz“, sagt er und lacht. Sein Lachen klingt wie raschelnde Blätter.

Dann endet das Gespräch oft.
Manchmal antwortet er gar nicht. Oft ist er lange stumm wie Holz.

Ich frage mich, was mit ihm passiert. Kann er sterben? Alles, was stirbt, hatte ein Ziel oder eine Aufgabe. Das trifft auf Odradek nicht zu.

Sollte er irgendwann vor meinen Kindern mit nachschleifendem Zwirnsfaden die Treppe hinunterfallen? Er schadet niemandem.
Aber die Vorstellung, dass er mich überlebt, tut mir weh.

Elf Söhne.

Ich habe elf Söhne.

Der Erste sieht nicht gut aus. Er ist ernsthaft und klug. Ich liebe ihn als Kind wie alle anderen. Trotzdem schätze ich ihn nicht sehr hoch ein. Sein Denken ist einfach. Er denkt immer im Kreis.

Der Zweite ist schön und schlank. Es macht Freude, ihn beim Fechten zu sehen. Er ist klug und erfahren. Er hat viel von der Welt gesehen. Deshalb scheint sogar die Natur um ihn herum vertrauter zu sein als den Anderen. Das Reisen ist nicht der einzige Grund dafür. Er hat eine besondere Gabe. Jeder respektiert seine Kunstsprünge ins Wasser. Viele wollen ihn nachmachen. Doch am Ende trauen sie sich nicht zu springen.

Ich sollte eigentlich glücklich über dieses Kind sein. Aber mein Verhältnis zu ihm ist getrübt. Sein linkes Auge ist kleiner als das rechte. Es zwinkert oft. Dieser kleine Fehler macht sein Gesicht verwegener. Niemand bemerkt diesen Fehler wegen seiner verschlossenen Art. Ich, der Vater, bemerke es. Es ist nicht der körperliche Fehler, der mir weh tut. Es ist eine kleine Unregelmäßigkeit in seinem Geist. Es ist wie ein Gift in seinem Blut. Er kann sein Leben nicht vollenden. Dieser Fehler macht ihn zu meinem wahren Sohn.
Dieser Fehler ist auch der Fehler unserer Familie.

Der dritte Sohn ist auch schön. Aber es ist nicht die Schönheit, die mir gefällt. Er hat die Schönheit eines Sängers. Sein Mund ist geschwungen. Seine Augen sind träumerisch. Sein Kopf braucht einen Vorhang, um zu wirken. Seine Brust wölbt sich stark. Seine Hände bewegen sich leicht auf und ab. Seine Beine sind schwach und können nicht gut tragen. Seine Stimme ist nicht voll. Sie täuscht kurz.
Aber den Kenner enttäuscht sie dann.

Mein dritter Sohn bleibt lieber im Verborgenen. Er drängt sich nicht auf. Er kennt seine Mängel nicht. Er ist unschuldig. Er fühlt sich fremd in unserer Zeit. Er gehört zu meiner Familie und zu einer anderen verlorenen Familie. Er ist oft traurig. Nichts kann ihn aufheitern.

Mein vierter Sohn ist sehr umgänglich. Er ist ein Kind seiner Zeit. Jeder versteht ihn. Er steht auf dem gemeinsamen Boden. Jeder nickt ihm zu. Diese Anerkennung gibt seinem Wesen etwas Leichtes, seinen Bewegungen etwas Freies, seinen Urteilen etwas Unbekümmertes. Manche seiner Aussagen wiederholt man gerne. Aber er ist oft zu leichtfertig. Er endet oft trostlos im Staub. Solche Gedanken machen mich traurig.

Mein fünfter Sohn ist lieb und gut. Er versprach weniger, als er hielt. Er war unbedeutend, man fühlte sich wie allein mit ihm. Trotzdem hat er Ansehen gewonnen. Ich weiß nicht, wie das geschehen ist. Unschuld ist stark. Er ist unschuldig. Vielleicht zu unschuldig. Er ist freundlich zu allen. Vielleicht zu freundlich. Ich fühle mich unwohl, wenn man ihn lobt. Es ist zu einfach, ihn zu loben.

Mein sechster Sohn scheint sehr tiefsinnig. Er lässt oft den Kopf hängen und ist trotzdem ein Schwätzer. Deshalb kommt man mit ihm schwer klar. Bei Unterlegenheit wird er traurig. Bei Erfolgen will er viel reden, um erfolgreich zu bleiben. Er hat Leidenschaft. Bei Tag kämpft er sich oft durch das Denken wie im Traum. Er ist gesund. Aber er taumelt manchmal. Besonders in der Dämmerung. Er braucht aber keine Hilfe und fällt nicht. Er ist sehr groß für sein Alter. Das macht ihn unschön, trotz schöner Hände und Füße. Seine Stirn ist auch unschön. Die Haut und Knochen sind verschrumpft.

Mein siebter Sohn gehört mir vielleicht mehr als die anderen. Die Welt versteht seinen Witz nicht. Ich überschätze ihn nicht. Ich weiß, er ist nicht sehr wichtig. Wenn die Welt nur diesen Fehler anerkennt, ist sie immer noch perfekt. In der Familie möchte ich diesen Sohn nicht missen. Er bringt Unruhe und Ehrfurcht vor der Tradition. Beides zusammen ist für mich wichtig. Er selbst weiß damit wenig anzufangen. Er wird das Rad der Zukunft nicht ins Rollen bringen. Aber seine Art ist ermutigend und hoffnungsvoll. Ich wünschte, er hätte Kinder, und diese Kinder hätten auch Kinder. Leider wird dieser Wunsch wohl nicht wahr. Er treibt sich viel allein herum. Er ist zufrieden mit sich selbst. Das passt nicht zu dem, was andere über ihn denken. Er kümmert sich nicht um Mädchen. Trotzdem bleibt er immer gut gelaunt.

Mein achter Sohn macht mir Sorgen. Ich weiß nicht warum. Er sieht mich fremd an. Trotzdem fühle ich mich ihm nahe. Die Zeit hat vieles besser gemacht. Früher hatte ich Angst, wenn ich an ihn dachte. Er geht seinen eigenen Weg. Er hat keinen Kontakt mehr mit mir. Er hat einen harten Kopf und einen athletischen Körper. Früher hatte er schwache Beine. Vielleicht hat sich das geändert. Aber wird überall durchkommen. Manchmal möchte ich ihn zurückrufen. Ich möchte wissen, wie es ihm geht. Ich möchte wissen, warum er sich von mir entfernt hat. Aber jetzt ist es zu spät. Er trägt als einziger meiner Söhne einen Vollbart. Das sieht bei einem kleinen Mann nicht gut aus.

Mein neunter Sohn ist sehr elegant. Er hat einen süßen Blick für Frauen. Sein Blick kann sogar mich verführen. Aber schon ein nasser Schwamm kann diesen Glanz wegwischen. Er will niemanden verführen. Er liegt lieber auf dem Sofa und schaut zur Decke. Oder er schließt die Augen. In dieser Lage spricht er gern. Er spricht gut und anschaulich. Aber nur in seinen engen Grenzen. Geht er darüber hinaus, wird sein Reden leer. Man würde abwinken, wenn er es bemerken könnte.

Mein zehnter Sohn gilt als unehrlich. Ich will das nicht ganz abstreiten, aber auch nicht bestätigen. Sicher ist, wer ihn sieht, denkt:

das ist ein Heuchler. Er trägt immer einen geschlossenen Gehrock. Er trägt einen alten, aber sauberen schwarzen Hut. Sein Gesicht ist unbewegt. Sein Kinn ragt etwas vor. Seine Augenlider sind schwer. Manchmal führt er zwei Finger an den Mund. Aber höre ihn reden! Er spricht verständig und kurz. Er stellt schlaue Fragen. Er wirkt fröhlich und sicher. Viele kluge Leute mögen ihn wegen seiner Worte. Andere finden seine Worte heuchlerisch. Ich als Vater will nicht entscheiden. Doch ich finde die letztere Meinung wichtiger.

Mein elfter Sohn ist schwach. Er ist der schwächste meiner Söhne. Aber er kann manchmal stark sein. Trotzdem bleibt er schwach. Diese Schwäche ist nicht schlecht. Sie sieht nur auf der Erde wie Schwäche aus. Ist Flugbereitschaft nicht auch Schwäche? Sie ist doch Schwanken und Unbestimmtheit und Flattern? Mein Sohn zeigt so etwas. Ich mag diese Eigenschaften nicht. Sie schaden der Familie. Manchmal sieht er mich an. Als wolle er sagen: „Ich nehme dich mit, Vater.“ Dann denke ich: „Ich vertraue dir nicht.“ Sein Blick sagt dann: „Ich bin der Letzte.“

Das sind die elf Söhne.

Ein Brudermord.

Wir hatten uns gerade hingesetzt. Die Frauen begrüßten sich. Sie tratschten über Kleider und Hüte und über die Gäste. Es ist erwiesen. Der Mord geschah so:

Schmar, der Mörder, wartete um neun Uhr abends. Es war eine klare Nacht. Wese, das Opfer, kam aus der Gasse. Dort lag sein Büro. Er musste in die Gasse einbiegen, wo er wohnte.

Kalte, jeden durchschauernde Nachtluft. Schmar trug nur ein dünnes blaues Kleid. Sein Röckchen war offen. Ihm war nicht kalt. Er war immer in Bewegung. Seine Mordwaffe war halb Bajonett, halb Küchenmesser. Er hielt sie fest in der Hand.

Schmar betrachtete das Messer im Mondlicht. Die Schneide blitzte auf. Das reichte ihm nicht. Er schlug mit dem Messer gegen die Steine. Es gab Funken. Vielleicht bereute er es. Er strich das Messer über seine Stiefelsohle wie einen Bogen über eine Violine. Er stand auf einem Bein. Er lauschte dem Klang des Messers. Er lauschte dazu in die Seitengasse.

Warum tat Privatmann Pallas nichts? Er beobachtete doch alles aus seinem Fenster im zweiten Stock. Er trug einen Schlafrock und hatte den Kragen hochgeschlagen. Er schüttelte den Kopf und blickte hinab.

Fünf Häuser weiter sah Frau Wese aus dem Fenster. Sie trug ein Nachthemd und einen Fuchspelz. Sie wartete auf ihren Mann. Er kam heute später als sonst.

Endlich ertönte die Türglocke vor Weses Büro. Wese trat aus dem Haus. Gleich konnte man seine Schritte auf dem Pflaster zählen.

Pallas beugt sich weit vor. Er will nichts verpassen. Frau Wese ist durch die Glocke beruhigt. Sie schließt beruhigt ihr klirrendes Fenster. Schmar kniet nieder. Er drückt Gesicht und Hände gegen die Steine. Alles ist kalt. Aber Schmar glüht.

Wese bleibt an der Grenze stehen. Er stützt sich mit dem Stock. Der Nachthimmel hat ihn angelockt. Er sieht das Dunkelblaue und das Goldene. Er versteht es nicht. Er streicht sein Haar unter dem Hut. Der Himmel sagt ihm nichts. Alles bleibt an seinem unsinnigen Platz. Man kann es nicht erforschen. Wese geht weiter. Eigentlich ist das normal. Aber Schmar wartet mit einem Messer.

Schmar steht auf den Fußspitzen, reckt den Arm auf, hat das Messer scharf gesenkt. Er schreit: „Wese! Julia wartet vergebens!" Schmar sticht Wese in den Hals und in den Bauch. Wese schreit wie eine aufgeschlitzte Wasserratte.

Schmar sagt: „Getan." Er wirft das Messer gegen die Hausmauer. Er ruft: „Seligkeit des Mordes! Erleichterung, Beflügelung durch das Fließen des fremden Blutes! Wese, alter Nachtschatten, Freund, Bierbankgenosse. Du versickerst im dunklen Straßengrund. Warum bist du nicht einfach eine mit Blut gefüllte Blase? Dann könnte ich mich auf dich setzen, und du verschwändest ganz und gar. Nicht alles wird erfüllt, nicht alle Blütenträume reiften. Dein schwerer Rest liegt hier. Man kann dich nicht mal mehr treten. Was willst du mir damit sagen?"
Pallas steht in seiner Tür. Er muss würgen. Er ruft: „Schmar! Schmar! Alles bemerkt, nichts übersehen." Pallas und Schmar schauen sich an. Pallas ist zufrieden. Schmar ist nicht zufrieden.

Frau Wese kommt mit vielen Leuten. Ihr Gesicht sieht alt aus vor Angst. Ihr Pelz öffnet sich. Sie fällt über Wese. Ihr Körper gehört zu ihm. Der Pelz schließt sich über beide wie ein Grab. Der Pelz gehört der Menge.

Schmar fühlt sich schlecht. Er drückt seinen Mund an die Schulter des Polizisten. Der Polizist führt ihn ab.

Ein Traum.

Josef K. träumte:

Es war ein schöner Tag. K. wollte spazieren gehen. Nach zwei Schritten war er auf dem Friedhof. Die Wege waren sehr umständlich und gewunden. Aber er glitt über den Weg schwebend wie auf reißendem Wasser. Er sah einen neuen Grabhügel. Er wollte dort Halt machen. Der Grabhügel zog ihn an. Er wollte schnell dorthin. Manchmal sah er den Grabhügel nicht. Fahnen verdeckten ihn. Die Fahnen schlugen laut aneinander. Man sah die Fahnenträger nicht. Es klang nach Jubel.

Er schaute in die Ferne. Plötzlich sah er den Grabhügel neben sich. Er sprang ins Gras. Der Weg raste weiter. Er schwankte und fiel auf die Knie. Zwei Männer standen hinter dem Grab. Sie hielten einen Grabstein in der Luft. K. erschien. Die Männer stießen den Stein in die Erde. Der Stein stand fest. Ein dritter Mann kam aus einem Gebüsch. K. erkannte ihn als Künstler. Der Mann trug Hosen und ein schlecht zugeknöpftes Hemd. Er hatte eine Samtkappe auf dem Kopf. In der Hand hielt er einen Bleistift. Er zeichnete Figuren in die Luft. Mit diesem Bleistift schrieb er auf den Stein. Der Stein war sehr hoch. Er musste sich vorbeugen. Der Grabhügel trennte ihn vom Stein. Er stand auf den Fußspitzen und stützte sich mit der linken Hand ab. Er schrieb mit dem Bleistift Goldbuchstaben. Er schrieb: „Hier ruht –“ Jeder Buchstabe war schön und tief geritzt. Die Buchstaben waren aus Gold. Er sah nach K. zurück.

K. kümmerte sich kaum um den Mann. Er wollte die Inschrift sehen. Er schaute nur auf den Stein. Der Mann wollte weiterschreiben. Aber er konnte nicht. Etwas hinderte ihn. Er ließ den Bleistift sinken. Er drehte sich zu K. um. K. sah den Künstler an. Der Künstler war verlegen. Er wusste nicht, warum. Seine Lebhaftigkeit war weg. Auch K. wurde verlegen. Sie schauten sich hilflos an.

Es war ein hässliches Missverständnis. Niemand konnte es lösen.
Eine Glocke läutete von der Grabkapelle. Der Künstler hob die Hand,
und die Glocke hörte auf. Nach einer Weile läutete sie wieder leise
und hörte schnell auf. K. war traurig wegen des Künstlers.
Er weinte lange in seine Hände hinein. Der Künstler wartete,
bis K. sich beruhigte. Dann entschied er sich, weiterzuschreiben.
Der erste kleine Strich war für K. wichtig.

Der Künstler schrieb das J mit Mühe. Die Schrift war nicht schön.
Es fehlte Gold. Der Strich war blass und unsicher.
Der Buchstabe war sehr groß. Fast war das J fertig.
Der Künstler stampfte wütend auf den Grabhügel. Erde flog in die Höhe.
K. verstand den Künstler endlich. Es war keine Zeit mehr,
sich zu entschuldigen. K. grub mit allen Fingern in die Erde.
Die Erde war leicht zu graben. Alles war vorbereitet.
Eine dünne Erdkruste war nur zum Schein da.
Dahinter öffnete sich ein großes Loch.
K. wurde von einer Strömung auf den Rücken gedreht und sank hinein.
Sein Name erschien oben mit viel Dekoration auf dem Stein.

Er erwachte entzückt von diesem Anblick.

Ein Bericht für eine Akademie.

Hohe Herren von der Akademie!

Sie bitten mich um einen Bericht über mein äffisches Vorleben.

Ich kann dieser Bitte leider nicht nachkommen. Vor fünf Jahren war ich noch ein Affe. Diese Zeit war kurz, aber anstrengend. Ich hatte gute Begleiter, Ratschläge, viel Beifall und begleitende Musik. Doch im Grunde war ich allein. Diese Leistung war nur möglich, weil ich nicht an den Erinnerungen meiner Jugend festhielt. Ich, freier Affe, akzeptierte diese Regel. Dadurch vergaß ich meine Erinnerungen immer mehr. Am Anfang hätte ich zurückkehren können. Doch mit meiner Entwicklung wurde der Weg zurück immer enger. Ich fühlte mich wohler bei den Menschen. Der Sturm aus meiner Vergangenheit wurde schwächer. Heute ist es nur ein leichter Wind. Das Loch, durch das er kam, ist sehr klein geworden. Wenn ich zurücklaufen wollte, müsste ich mich verletzen, um durchzukommen.

Ich wähle gerne Bilder für diese Dinge. Ihr Affentum, meine Herren, ist Ihnen vielleicht fremd. An der Ferse kitzelt es jeden, der auf Erden geht. Das gilt für kleine Schimpansen wie auch dem großen Achilles, der an der Ferse schwer verletzt wurde.

Ich kann Ihre Frage beantworten. Ich tue es mit Freude. Das erste, was ich lernte, war: einen Handschlag geben. Handschlag zeigt Offenheit. Heute stehe ich auf dem Höhepunkt meiner Laufbahn. Zum Handschlag kommt das offene Wort hinzu. Das ist für die Akademie bestimmt nichts Neues. Es bleibt hinter den Erwartungen zurück. Es zeigt aber, wie ein Affe in die Menschenwelt kam und sich dort einfügte. Diese Erfahrung hat sich durch meinen Erfolg auf den Varietébühnen festgesetzt.

Ich stamme von der Goldküste. Ich weiß nicht genau,
wie ich eingefangen wurde. Ich bin auf fremde Berichte angewiesen.

Eine Jagdgruppe des Zirkus Hagenbeck machte Jagd am Fluss,
mit diesem Herrn Hagenbeck habe ich später gerne mal eine gute
Flasche Rotwein getrunken. Die Jagdgruppe saß auf einem Hochsitz.
Ich lief gerade mit einem Rudel zur Tränke. Da schoss man.
Ich wurde als einziger zweimal getroffen. Ein Schuss traf meine Wange.
Er hinterließ eine große rote Narbe. Deshalb nennt man mich Rotpeter.
Wie der verstorbene Affe Peter mit einer roten Narbe. Der zweite
Schuss traf mich unterhalb der Hüfte. Dieser Schuss war schwer.
Deshalb hinke ich heute noch. Einer von tausenden anderen windigen
Autoren schrieb über mich in der Zeitung. Er sagte, meine Affennatur
sei nicht unterdrückt. Er meinte, ich ziehe oft meine Hosen aus.
Ich zeige dann die Narbe des Schusses. Ich darf meine Hosen ausziehen,
wann ich will. Man sieht dann nur meinen Pelz und die Narbe.
Er selbst sollte seine Hose nicht ausziehen. Das würde man falsch
verstehen. Alles liegt dann offen. Nichts ist versteckt.
Bei der Wahrheit legt jeder gute Mensch seine Manieren ab.
Würde der Schreiber die Hosen ausziehen, wenn Besuch kommt?
Das wäre anders. Es ist vernünftig, dass er es nicht tut.
Aber dann soll er mich in Ruhe lassen!

Nach den Schüssen wachte ich auf. Hier beginnt meine Erinnerung.
Ich lag in einem Käfig im Zwischendeck des Dampfers vom Hagenbeck.
Der Käfig hatte drei Wände und eine Kiste als vierte Wand.
Der Käfig war zu niedrig zum Stehen und zu schmal zum Sitzen.
Ich hockte mit zitternden Knien. Ich wollte niemanden sehen
und war zur Kiste gewendet. Die Gitterstäbe schnitten mir ins Fleisch.
Man hält wilde Tiere am Anfang so fest. Das ist vorteilhaft.
Ich kann das heute aus Sicht der Menschen bestätigen.
Damals dachte ich nicht daran. Ich war zum ersten Mal ohne Ausweg.
Geradeaus ging es nicht. Vor mir war die Kiste, Brett an Brett.

Zwischen den Brettern war eine Lücke. Ich freute mich, als ich sie fand. Aber die Lücke war zu klein. Ich konnte nicht einmal meinen Schwanz durchstecken. Ich konnte die Lücke auch nicht vergrößern.

Später sagte man mir, ich habe wenig Lärm gemacht. Man dachte, ich würde bald sterben oder gut dressierbar sein. Ich überlebte diese Zeit. Ich weinte leise und suchte nach Flöhen. Ich leckte eine Kokosnuss und schlug mit dem Kopf gegen die Kiste. Ich streckte die Zunge heraus, wenn jemand kam. Ich fühlte nur eines: keinen Ausweg.
Heute kann ich das nur mit Menschenworten beschreiben.
Es ist nicht genau wie damals. Aber es kommt nah dran.
Früher hatte ich viele Auswege. Jetzt hatte ich keinen mehr.
Ich war gefangen. Hätte man mich festgenagelt, wäre es nicht schlimmer gewesen. Warum das? Kratz dich zwischen den Zehen, du wirst es nicht verstehen. Drück dich gegen die Gitterstäbe, du wirst es nicht verstehen.

Ich musste einen Ausweg finden. Ohne Ausweg konnte ich nicht leben. Immer an der Kistenwand – ich wäre gestorben. Affen gehören bei Hagenbeck an die Kistenwand. Also hörte ich auf, Affe zu sein.
Ein klarer Gedanke, den ich mit dem Bauch hatte. Affen denken mit dem Bauch.

Ich habe Angst, dass man mich nicht versteht. Was meine ich mit Ausweg? Ich meine das Wort im normalen Sinn. Ich sage absichtlich nicht Freiheit. Ich meine nicht das große Gefühl der Freiheit.
Als Affe kannte ich es vielleicht. Ich habe Menschen getroffen, die sich danach sehnen. Aber ich wollte keine Freiheit, weder damals noch heute. Nebenbei: Menschen täuschen sich oft mit Freiheit.

Freiheit ist ein großes Gefühl. Aber auch die Täuschung ist groß.
Oft sah ich in Varietés Künstlerpaare am Trapez. Sie schwangen sich, sie sprangen, sie schwebten in die Arme des anderen. Einer trug den anderen an den Haaren mit den Zähnen. „Auch das ist Menschenfreiheit“,

dachte ich. „Selbstherrliche Bewegung".
Du Verspottung der Natur! Kein Gebäude würde vor dem Gelächter der Affen standhalten.

Nein, Freiheit wollte ich nicht. Es gab nur einen Ausweg. Rechts, links, egal wohin. Ich hatte keine anderen Wünsche. Auch wenn der Ausweg eine Täuschung war, war es mir egal. Ich wollte nur weiterkommen. Nicht stillstehen und an eine Kistenwand gedrückt sein.

Heute weiß ich: Ohne innere Ruhe hätte ich nicht entkommen können. Ich verdanke alles meiner Ruhe. Diese Ruhe kam nach den ersten Tagen auf dem Schiff. Die Leute vom Schiff gaben mir diese Ruhe.

Die Menschen auf dem Schiff waren gut. Ich erinnere mich gerne an ihre schweren Schritte. Sie erledigten alles sehr langsam. Wenn sie sich die Augen rieben, hoben sie die Hand langsam. Ihre Scherze waren grob, aber herzlich. Ihr Lachen klang gefährlich, aber bedeutete nichts. Sie spuckten oft und es war ihnen egal wohin. Sie klagten über meine Flöhe. Aber sie waren nie wirklich böse auf mich. Sie wussten, Flöhe leben in meinem Fell und springen herum. Damit kamen sie klar.

Manchmal hatten sie frei. Dann saßen einige im Halbkreis um mich herum. Sie sprachen kaum. Sie gurrten nur. Sie rauchten Pfeife und lagen auf Kisten. Sie schlugen sich aufs Knie, wenn ich mich bewegte. Manchmal kitzelte mich einer mit einem Stock. Heute lehne ich eine Einladung zu einer Schiffsreise ab. Aber es gibt auch schöne Erinnerungen.

Die Ruhe mit diesen Leuten hielt mich von Flucht ab. Heute denke ich, dass ich einen Ausweg finden musste. Flucht war nicht der richtige Weg. Ich weiß nicht mehr, ob Flucht möglich war. Aber ich glaube es.

Ein Affe kann immer fliehen. Mit meinen heutigen Zähnen muss ich vorsichtig sein. Damals hätte ich das Türschloss durchbeißen können. Ich tat es nicht. Was hätte es gebracht?

Man hätte mich schnell wieder eingefangen. Man hätte mich in einen schlimmeren Käfig gesperrt. Oder ich hätte zu den Riesenschlangen gegenüber fliehen können. Sie hätten mich umarmt und erwürgt. Oder ich wäre aufs Deck gekommen und über Bord gesprungen. Dann wäre ich im Meer ertrunken. Das waren Verzweiflungstaten. Ich dachte nicht wie ein Mensch. Aber ich verhielt mich so. Ich beobachtete ruhig. Ich sah die Menschen auf und ab gehen. Immer die gleichen Gesichter und Bewegungen. Es schien oft, als wäre es nur einer. Diese Menschen gingen unbehelligt. Ein hohes Ziel dämmerte mir auf. Niemand versprach mir Freiheit, wenn ich so werde wie sie. Solche Versprechen gibt es nicht. Aber wenn man das Ziel erreicht, erscheinen die Versprechen später. Diese Menschen verlockten mich nicht sehr. Wäre ich ein Anhänger der Freiheit, hätte ich das Meer vorgezogen.

Ich beobachtete sie schon lange. Dann dachte ich an solche Dinge. Die Beobachtungen führten mich in diese Richtung.

Es war leicht, die Leute nachzuahmen. Ich konnte schon am Anfang spucken. Wir spuckten uns ins Gesicht. Ich leckte mein Gesicht danach sauber. Sie nicht. Bald rauchte ich die Pfeife wie ein Alter. Drückte ich den Daumen in den Pfeifenkopf, freuten sich alle. Den Unterschied zwischen leerer und voller Pfeife verstand ich lange nicht.

Die Schnapsflasche machte mir die meiste Mühe. Der Geruch war schlimm. Ich zwang mich, aber es dauerte Wochen. Diese Kämpfe nahmen die Leute ernst. Ich erinnere mich nicht an alle Leute. Aber einer kam oft zu mir. Er kam allein oder mit Freunden, bei Tag und Nacht. Er brachte die Flasche und gab mir Unterricht. Er verstand mich nicht. Er wollte das Rätsel meines Seins lösen.

Er öffnete langsam die Flasche. Dann sah er mich an. Ich beobachtete ihn aufmerksam. Er fand keinen besseren Schüler als mich.
Er hob die Flasche zum Mund. Ich schaute ihm bis in den Hals.
Er nickte zufrieden und setzte die Flasche an die Lippen.
Ich kratzte mich vor Freude. Er freute sich und trank einen Schluck.
Ich wollte ihm nachmachen und machte meinen Käfig schmutzig.
Das freute ihn sehr. Er streckte die Flasche weit weg und trank sie leer.
Ich war zu müde, um weiter zuzusehen. Ich hing schwach am Gitter.
Er beendete den Unterricht und strich sich den Bauch. Dann grinste er.
Jetzt begann die praktische Übung. War ich schon zu müde vom Theoretischen? Ja, ich war zu müde. Das war mein Schicksal.

Ich greife nach der Flasche. Ich öffne sie zitternd. Neue Kräfte kommen.
Ich hebe die Flasche. Ich trinke. Dann werfe ich die leere Flasche weg.
Mein Lehrer ist traurig. Ich bin noch trauriger. Aber ich streiche meinen Bauch und grinse.

Oft lief der Unterricht so ab. Mein Lehrer war nicht böse.
Manchmal hielt er mir die Pfeife ans Fell. Es brannte, aber er löschte es wieder. Er wusste, wir kämpften beide gegen die Affennatur.
Er wusste, ich hatte es schwerer.

Was für ein Sieg für ihn und mich. Eines Abends war ein Fest.
Ein Grammophon spielte. Ein Offizier ging zwischen den Leuten.
Ich war unbeachtet. Vor meinem Käfig stand eine Schnapsflasche.
Ich griff die Flasche. Die Leute schauten zu. Ich öffnete die Flasche.
Ich trank sie leer. Ich war kein Verzweifelter mehr. Ich war ein Künstler.
Ich warf die Flasche weg. Ich rief „Hallo!“. Die Leute sagten:
„Hört, er spricht!“. Ich fühlte ihr Echo auf meinem Körper.

Ich wollte die Menschen nicht nachahmen. Ich suchte nur einen Ausweg. Der Sieg war nicht genug. Meine Stimme versagte wieder. Sie kam erst nach Monaten zurück. Ich mochte Schnaps noch weniger. Aber ich hatte meine Richtung gefunden.

In Hamburg hatte ich zwei Möglichkeiten: Zoo oder Varieté. Ich zögerte nicht. Ich wollte ins Varieté. Der Zoo war nur ein neuer Käfig. Im Zoo wäre ich verloren gewesen.

Also lernte ich. Man lernt, wenn man muss. Man lernt, wenn man einen Ausweg will. Man lernt hart. Man zwingt sich selbst. Man kämpft gegen Widerstand. Meine Affennatur verschwand. Mein erster Lehrer wurde selbst fast äffisch und musste in eine Klinik. Zum Glück kam er bald zurück.

Ich hatte viele Lehrer, manchmal sogar mehrere gleichzeitig. Als ich besser wurde, folgte die Öffentlichkeit meinen Fortschritten. Meine Zukunft sah gut aus. Ich nahm selbst Lehrer auf. Sie saßen in fünf Zimmern. Ich lernte bei allen gleichzeitig und sprang von Zimmer zu Zimmer.

Diese Fortschritte! Das Wissen kam von allen Seiten in mein Gehirn! Es machte mich glücklich. Aber ich überschätzte es nicht. Damals nicht und heute noch weniger.

Ich habe viel geleistet. Ich habe so viel gelernt wie ein Europäer. Das half mir aus dem Käfig. Ich fand einen besonderen Ausweg. Es gibt eine deutsche Redensart: sich in die Büsche schlagen. Das habe ich getan. Ich hatte keinen anderen Weg. Freiheit war keine Option.

Ich bin weder unzufrieden noch zufrieden. Ich liege im Schaukelstuhl und schaue aus dem Fenster. Auf dem Tisch steht eine Flasche Wein.

Kommt Besuch, empfange ich ihn höflich. Mein Manager sitzt im Vorzimmer. Wenn ich läute, kommt er und hört zu. Abends habe ich oft Auftritte. Ich habe großen Erfolg. Ich kann meinen Erfolg kaum noch steigern.

Nach Banketten, wissenschaftlichen Gesellschaften
oder einem gemütlichen Beisammensein komme ich nach Hause.
Da erwartet mich eine halb dressierte Schimpansin.
Ich verbringe schöne Stunden mit ihr. Tagsüber will ich sie nicht sehen.
Sie hat den Irrsinn des verwirrten dressierten Tieres.
Das erkenne nur ich.

Insgesamt habe ich erreicht, was ich wollte. Es war die Mühe wert.
Ich will kein Urteil. Ich will nur Wissen verbreiten. Ich berichte nur.
Auch Ihnen, hohe Herren von der Akademie, habe ich nur berichtet.

Die Verwandlung.

I.

Gregor Samsa hatte schlecht geträumt und wachte auf.
Er hatte sich in ein großes Insekt verwandelt. Gregor lag auf seinem harten Insekten-Rücken. Er konnte seinen braunen und runden Insekten-Bauch sehen. Die Bettdecke auf Gregors Bauch rutschte fast herunter. Gregor hatte jetzt viele dünne Beine. Seine Beine zitterten.

Was war mit Gregor passiert? Das war kein Traum. Gregors kleines Zimmer sah aus wie immer. Ein paar Stoff-Proben lagen auf dem Tisch. Gregor war Stoff-Verkäufer. An der Wand hing ein Bild. Er hatte es aus einer Zeitschrift ausgeschnitten. Man sah eine Frau auf dem Bild. Die Frau trug einen Pelz-Hut und einen Pelz-Schal. Außerdem trug die Frau auch einen Hand-Wärmer aus Pelz.

Gregor schaute zum Fenster. Das Wetter war schlecht. Es regnete. Das Wetter machte Gregor sehr traurig.

Gregor wollte noch ein bisschen schlafen. Aber er konnte nicht schlafen. Gregor schläft immer auf der rechten Seite. Er lag aber auf dem Rücken. Gregor konnte sich nicht umdrehen. In seinem neuen Insekten-Körper funktionierte das Umdrehen nicht. Er schloss die Augen. Er wollte seine Insekten-Beine nicht sehen. Gregor versuchte oft, sich umzudrehen. Aber dann tat es weh und er hörte auf.

Gregor dachte sich: „Oje! Mein Beruf ist so anstrengend! Ich muss ständig verreisen. Die Arbeit auf Reisen ist anstrengender als im Geschäft. Und ich muss immer fürchten, einen Zug zu verpassen. Das Essen beim Reisen ist schlecht. Und man trifft viele neue Leute. Aber man hat nie die Zeit jemanden richtig kennenzulernen. Das mag ich nicht." Gregor juckte es am Bauch. Er schaute auf die juckende Stelle. Er sah an der Stelle kleine weiße Punkte.

Gregor hatte solche Punkte noch nie gesehen. Er berührte die Punkte. Das fühlte sich unangenehm an. Gregor ließ es sein. Er legte sich wieder hin.

Gregor dachte sich: „Das frühe Aufstehen ist nicht gut. Es macht verrückt. Menschen brauchen Schlaf. Andere Reisende schlafen lange und frühstücken spät." Gregor dachte weiter: „Ich kann nicht so lange schlafen. Mein Chef feuert mich sonst. Aber vielleicht ist das gut so." Gregor hatte nur wegen seinen Eltern noch nicht gekündigt. Er selbst wollte kündigen. Er wollte seinem Chef die Meinung sagen. Der Chef staunt bestimmt, wenn Gregor das macht. Gregor fand es komisch, wie sein Chef mit ihm redet. Der Chef sitzt dann immer auf dem Schreibtisch. Er spricht also immer von oben mit Gregor. Sein Chef hört schlecht. Gregor muss immer nah zu seinem Chef. Er versteht Gregor sonst nicht. Aber Gregor hatte Hoffnung. Seine Eltern schuldeten seinem Chef Geld. Gregor wollte die Schulden in ein paar Jahren bezahlen. Dann wird er kündigen. Gregor musste aufstehen. Sein Zug fuhr bald.
Gregor schaute auf den Wecker. Oje! Es war schon nach sechs Uhr dreißig. Hatte der Wecker nicht geklingelt?

Er konnte den Wecker vom Bett sehen. Er stand auf vier Uhr. Er hatte sicher geklingelt. Aber konnte er dieses laute Klingeln wirklich überhören? Er hatte nicht ruhig geschlafen, aber wohl sehr fest. Was sollte er jetzt machen? Der nächste Zug fuhr um sieben Uhr. Um diesen Zug zu erreichen, müsste er sich sehr beeilen. Die Sachen waren noch nicht gepackt. Er fühlte sich auch nicht frisch und fit. Selbst wenn er den Zug erreicht, wird sein Chef böse sein. Der Bürobote hatte schon auf den Zug um fünf Uhr gewartet. Er hatte dem Chef schon seine Verspätung gemeldet. Der Bürobote war dem Chef sehr ergeben und hatte keinen eigenen Willen.

Soll er sich krankmelden? Das wäre sehr unangenehm und verdächtig.

Gregor war in fünf Jahren noch nie krank gewesen. Der Chef würde bestimmt den Arzt der Krankenkasse rufen. Er würde Gregors Eltern Vorwürfe machen. Er würde alle Argumente ablehnen.
Er würde auf den Arzt der Krankenkasse hinweisen. Dieser Arzt glaubte, alle Menschen sind gesund und wollen bloß nicht arbeiten.
Vielleicht hat der Chef in diesem Fall recht? Gregor fühlte sich wirklich gut, abgesehen von Müdigkeit nach dem langen Schlaf.
Er hatte sogar großen Hunger.

Gregor dachte schnell nach. Er konnte sich nicht entscheiden aufzustehen. Der Wecker zeigte dreiviertel sieben. Es klopfte an seiner Tür. „Gregor", rief seine Mutter, „es ist dreiviertel sieben. Musst du nicht los?" Gregor erschrak, als er sich antworten hörte. Seine Stimme klang fast wie früher. Aber ein piepsendes Geräusch mischte sich darunter. Das machte seine Worte am Ende undeutlich. Gregor wollte viel sagen und alles erklären. Aber er sagte nur: „Ja, ja, danke, Mutter, ich stehe schon auf." Seine Mutter hörte die Veränderung in seiner Stimme nicht durch die Tür.
Sie beruhigte sich und ging weg.

Die anderen in der Familie merkten jetzt, dass Gregor noch da war. Der Vater klopfte an einer anderen Tür. Er rief leise: „Gregor, Gregor, was ist denn?" Dann rief er lauter: „Gregor! Gregor!" Die Schwester fragte an einer anderen Tür: „Gregor? Geht es dir nicht gut? Brauchst du etwas?"

Gregor sagte: „Bin schon fertig." Er sprach sehr deutlich.
Er machte lange Pausen zwischen den Worten. Sein Vater ging zurück zum Frühstück. Seine Schwester flüsterte: „Gregor, mach die Tür auf, bitte." Gregor wollte die Tür aber nicht öffnen. Er fand es gut, dass er die Tür nachts abschloss.

Er wollte erst in Ruhe aufstehen. Er wollte sich anziehen.

Er wollte frühstücken. Danach wollte er nachdenken. Im Bett konnte er nicht gut nachdenken. Manchmal hatte er im Bett Schmerzen. Die Schmerzen waren weg, wenn er aufstand. Er dachte, seine Stimme klang anders, weil er erkältet war. Das ist doch normal für Leute, die viel reisen.

Die Decke zu entfernen war einfach. Er pustete sich auf und die Decke fiel weg. Aber dann wurde es schwerer für ihn.

Er war sehr breit. Er brauchte Arme und Hände, um aufzustehen. Aber er hatte nur viele kleine Beine. Die Beine bewegten sich immer und er konnte sie nicht kontrollieren. Wenn er ein Bein beugen wollte, streckte es sich. Wenn er ein Bein bewegen konnte, zappelten die anderen wild herum. Gregor dachte: „Ich darf nicht nutzlos im Bett bleiben."

Er wollte erst mit dem unteren Teil seines Körpers aus dem Bett kommen. Aber dieser Teil war schwer und bewegte sich langsam. Er drückte sich mit viel Kraft vorwärts. Da stieß er gegen das Bettende. Das tat sehr weh. Er merkte, dass der untere Teil seines Körpers sehr empfindlich war.

Dann wollte er den Oberkörper zuerst aus dem Bett bewegen. Er drehte seinen Kopf vorsichtig zum Rand des Bettes. Das ging leichter. Sein großer und schwerer Körper folgte langsam der Drehung seines Kopfes.

Er hielt seinen Kopf in die Luft. Da bekam er Angst weiterzumachen. Denn wenn er fällt, kann er sich am Kopf verletzen. Er wollte klar denken und nicht ohnmächtig werden. Also blieb er lieber im Bett.

Er legte sich wieder hin. Er sah seine Beine kämpfen. Er fand keine Ruhe. Er dachte, er kann nicht im Bett bleiben.

Vielleicht ist es besser, alles zu riskieren, um frei zu kommen. Aber er dachte auch: Ruhig Nachdenken ist besser, als schnell zu entscheiden.

Er schaute ständig aus dem Fenster. Aber der Nebel draußen machte ihn nicht heiter. „Es ist schon sieben Uhr", dachte er beim Klingeln des Weckers. „Es ist sieben Uhr und immer noch so neblig." Dann lag er still da und atmete leicht. Er hoffte, dass alles wieder normal wird.

Er dachte: „Ich muss vor halb acht aus dem Bett sein. Jemand aus der Arbeit wird mich suchen. Die Arbeit beginnt ja schon um sieben." Er versuchte, seinen Körper aus dem Bett zu schwingen. Er wollte seinen Kopf bei Fallen nicht verletzen. Er dachte, sein Rücken ist stark genug. Er machte sich Sorgen wegen des lauten Geräusches beim Fallen. Aber er wollte es trotzdem versuchen.

Gregor war halb aus dem Bett heraus. Da fand er es leichter mit Hilfe. Er dachte an seinen Vater und das Dienstmädchen. Sie könnten ihn einfach aus dem Bett heben. Dafür müssen sie ihn nur vorsichtig auf den Boden legen. Dort werden seine Beine hoffentlich richtig funktionieren. Die Türen waren geschlossen. Sollte er um Hilfe rufen? Er war in Not. Aber er musste bei dem Gedanken sogar lächeln.

Er konnte kaum stehen, es schaukelte so sehr. Bald musste er sich entscheiden. Es war fast Viertel vor acht Uhr. Dann klingelte es an der Tür. ‚Das ist jemand von der Arbeit', dachte er und wurde fast starr. Seine Beine zitterten. Es war kurz still. ‚Sie machen nicht auf', dachte Gregor und hoffte. Aber das Dienstmädchen ging zur Tür und öffnete. Gregor hörte nur ein Wort und wusste, wer es war – der Prokurist selbst. Warum musste Gregor für eine Firma arbeiten, die sofort misstrauisch wurde? Waren alle Mitarbeiter schlecht? Gab es keinen, der treu war? Einen, der sich schlecht fühlte, wenn er nicht arbeiten konnte? Einen, der nicht aufstehen konnte?

Der Prokurist kam persönlich. War das wirklich nötig? Konnte nicht ein Lehrling fragen? Musste die Familie das unbedingt mitbekommen? Kann das nur der Prokurist klären? Gregor regten diese Gedanken sehr auf. Da sprang er aus dem Bett. Es gab einen lauten Schlag. Der Teppich machte den Fall leiser. Gregors Rücken war weicher als er dachte. Deshalb war der Schlag nicht sehr laut. Aber er stieß sich den Kopf. Er rieb ihn am Teppich. Er war wütend und verletzt.

„Da drin ist etwas gefallen", sagte der Prokurist im Zimmer nebenan. Gregor überlegte, ob dem Prokurist auch so etwas passieren kann. Man musste das für möglich halten. Aber der Prokurist machte laute Schritte im Zimmer nebenan. Seine Schuhe knarrten. Gregors Schwester flüsterte aus dem anderen Zimmer: „Gregor, der Prokurist ist da."

„Ich weiß", sagte Gregor leise. Er sprach nicht laut, damit seine Schwester es nicht hört. „Gregor", rief der Vater aus dem Zimmer nebenan, „der Prokurist ist hier. Er fragt, warum du nicht mit dem frühen Zug gefahren bist. Wir wissen nicht, was wir ihm sagen sollen. Er möchte auch mit dir sprechen. Bitte öffne die Tür. Er wird das Durcheinander im Zimmer schon verstehen." „Guten Morgen, Herr Samsa", sagte der Prokurist freundlich. „Es geht ihm nicht gut", sagte die Mutter zum Chef. Der Vater sprach noch an der Tür. „Glauben Sie mir, es geht ihm nicht gut. Gregor würde nie einen Zug verpassen. Er denkt nur an die Arbeit. Ich bin fast sauer, weil er nie abends ausgeht. Er war acht Tage in der Stadt und kam jeden Abend nach Hause. Er saß bei uns, las Zeitung oder sah Fahrpläne an. Es ist für ihn schon etwas anderes, wenn er mit der Laubsäge arbeitet. Er hat zum Beispiel in ein paar Abenden einen kleinen Rahmen gemacht. Er ist sehr schön. Er hängt im Zimmer. Sie werden ihn sehen, wenn Gregor die Tür öffnet. Ich bin froh, dass Sie hier sind, Herr Prokurist. Wir konnten Gregor nicht überreden, die Tür aufzumachen. Er ist sehr stur. Und er fühlt sich sicher nicht gut, auch wenn er es heute Morgen abgestritten hat."

„Ich komme gleich“, sagte Gregor langsam. Er bewegte sich nicht. Er wollte alles genau hören. „Ich verstehe es auch nicht anders“, sagte der Prokurist. „Ich hoffe, es ist nichts Schlimmes. Aber wir Geschäftsleute müssen manchmal auch bei Unwohlsein arbeiten.“ „Kann der Herr Prokurist jetzt reinkommen?“, fragte der ungeduldige Vater und klopfte wieder an die Tür. „Nein“, sagte Gregor. Im Zimmer nebenan wurde es ganz still. Im anderen Zimmer fing die Schwester an zu weinen.

Warum ging die Schwester nicht zu den anderen? Sie war wohl gerade erst aufgestanden und hatte sich noch nicht angezogen. Und warum weinte sie? Weil Gregor nicht aufstand und den Prokuristen nicht reinließ? Weil er seinen Job verlieren könnte? Und weil dann der Prokurist von den Eltern Geld fordert? Das waren vielleicht unnötige Sorgen. Gregor war noch da und wollte seine Familie nicht verlassen.

Er lag auf dem Teppich. Wenn man wüsste, wie es ihm ging. Niemand hätte ihn gebeten den Prokuristen reinzulassen. Er kann sich später noch eine Ausrede einfallen lassen. Man kann ihn doch nicht entlassen, weil er unhöflich war. Man konnte später alles erklären. Gregor dachte, man soll ihn in Ruhe lassen. Das Weinen und Reden störten ihn nur. Die anderen wussten nicht, was los war. Das entschuldigte ihr Verhalten.

„Herr Samsa“, rief der Prokurist laut, „was ist los? Sie bleiben in Ihrem Zimmer. Sie sagen nur ja oder nein. Sie machen Ihren Eltern Sorgen. Sie machen Ihre Arbeit nicht gut. Das ist nicht in Ordnung. Ich spreche für Ihre Eltern und Ihren Chef. Ich will wissen, was los ist. Jetzt gleich. Ich bin überrascht. Ich dachte, Sie sind ruhig und vernünftig. Aber jetzt benehmen Sie sich komisch. Der Chef dachte heute Morgen, er wüsste, warum Sie nicht arbeiten. Es ging um Geld. Sie sollten Schulden einsammeln. Aber ich glaubte fast, darum ging es nicht.

Ich verstehe Ihre Sturheit nicht. Ich will Ihnen nicht mehr helfen. Ihre Arbeit ist nicht gut. Ich wollte Ihnen das privat sagen. Aber Sie verschwenden meine Zeit. Deshalb können es auch Ihre Eltern wissen. Wir waren mit Ihrer Arbeit in letzter Zeit nicht zufrieden. Es ist keine Zeit für gute Geschäfte. Aber Geschäfte müssen wir immer machen."

„Aber ich stehe gleich auf", rief Gregor. „Mir war schlecht und ich konnte nicht aufstehen. Ich liege noch im Bett. Aber jetzt geht es mir besser. Ich steige gleich aus dem Bett. Warten Sie einen Moment! Es dauert noch ein bisschen. Aber es geht mir gut. Gestern ging es mir auch gut. Meine Eltern wissen das. Oder ich hatte gestern schon ein schlechtes Gefühl. Man hätte es sehen müssen. Warum habe ich nichts gesagt? Ich dachte, ich werde nicht krank. Herr Prokurist! Bitte seien Sie nett zu meinen Eltern! Sie machen mir jetzt Vorwürfe. Aber niemand hat mir vorher etwas gesagt. Vielleicht haben Sie meine letzten Aufträge nicht gelesen. Ich fahre bald mit dem Zug auf Geschäftsreise. Die Ruhe hat mir gutgetan. Warten Sie nicht auf mich, Herr Prokurist. Ich komme bald ins Geschäft. Bitte sagen Sie das dem Chef und grüßen Sie ihn von mir."

Gregor hat das schnell gesagt. Er wusste nicht genau, was er sagte. Er hat im Bett geübt und kam jetzt zum Kasten. Er wollte sich aufrichten. Er wollte die Tür öffnen und mit dem Prokuristen sprechen. Er wollte wissen, was die anderen bei seinem Anblick sagen. Wenn sie sich erschrecken, ist es nicht seine Schuld. Dann kann er ruhig sein. Wenn sie nicht erschrecken, muss er sich auch nicht aufregen. Dann kann er schnell zum Bahnhof gehen und noch um acht Uhr dort sein. Erst rutschte er vom Kasten ab. Aber dann stand er aufrecht. Er achtete nicht auf die Schmerzen im Bauch. Die Schmerzen brannten sehr. Dann fiel er gegen die Rücklehne eines Stuhls. Dort hielt er sich mit seinen Beinen fest. Er hatte sich nun unter Kontrolle und hörte zu. Nun konnte er dem Prokuristen zuhören.

Der Prokurist fragte die Eltern „Haben Sie etwas von dem verstanden? Macht er sich über uns lustig?" „Oh Gott", weinte die Mutter, „er ist vielleicht sehr krank, und wir tun ihm weh. Grete! Grete!", rief sie. „Mutter?", rief die Schwester von der anderen Seite. Sie sprachen durch Gregors Zimmer. „Du musst sofort zum Arzt gehen. Gregor ist krank. Schnell, hol den Arzt. Hast du Gregor sprechen gehört?" „Das klang wie ein Tier", sagte der Prokurist sehr leise im Vergleich zum Schreien der Mutter. „Anna! Anna!", rief der Vater in die Küche und klatschte in die Hände, „hol schnell einen Schlosser!" Die zwei Frauen liefen schnell durch den Flur. Wie hatte sich die Schwester so schnell angezogen? Sie öffneten die Haustür. Man hörte die Tür nicht zuschlagen, sie ließen sie offen, wie es oft bei einem großen Unglück der Fall ist.

Gregor war jetzt viel ruhiger. Man verstand seine Worte nicht, obwohl sie ihm klar schienen. Vielleicht hatte er sich an seine Stimme gewöhnt. Aber jetzt glaubten die Leute, es stimmt mit ihm etwas nicht, und sie wollten ihm helfen.

Er war froh über die ersten Pläne. Er fühlte sich wieder als Teil der Menschen. Er hoffte auf großartige und überraschende Leistungen vom Arzt und Schlosser. Er wollte eine klare Stimme haben. Deshalb hustete er leise. Er wollte nicht, dass sein Husten anders klingt. Er wusste nicht, ob das Husten noch wie von einem Menschen klingt. Im Zimmer nebenan war es still. Vielleicht redeten seine Eltern und der Prokurist leise. Oder sie lauschten an der Tür.

Gregor bewegte sich mit dem Sessel langsam zur Tür.
Er ließ den Stuhl los. Er warf sich gegen die Tür.
Er stand aufrecht an der Tür. Seine Beine waren etwas klebrig.
Er ruhte sich kurz aus. Dann versuchte er, den Schlüssel mit dem Mund zu drehen. Aber er hatte keine echten Zähne.
Wie sollte er den Schlüssel drehen?

Gregor hatte starke Kiefer. Mit ihnen drehte er den Schlüssel. Er merkte nicht, dass er sich verletzte. Denn braune Flüssigkeit kam aus seinem Mund. Sie lief über den Schlüssel und tropfte auf den Boden. „Hören Sie, er dreht den Schlüssel um", sagte der Prokurist im anderen Zimmer. Das machte Gregor Mut. Er wünschte, alle würden ihn anfeuern. „Los, Gregor", sollten sie sagen, „drück fest gegen das Schloss!" Er stellte sich vor, alle schauten gespannt zu. Dann biss er noch fester in den Schlüssel. Er gab all seine Kraft. Er drehte den Schlüssel weiter. Mal hing er am Schlüssel, mal drückte er ihn mit seinem ganzen Körper herunter. Endlich sprang das Schloss auf. Gregor war erleichtert. ‚Ich brauchte keinen Schlosser', dachte er. Er legte seinen Kopf auf die Türklinke, um die Tür ganz zu öffnen. Die Tür war schon ziemlich offen. Aber Gregor war noch nicht zu sehen.

Er musste sich langsam um die Tür drehen. Er musste sehr vorsichtig sein. Sonst könnte er hinfallen. Er drehte sich noch, als er den Prokuristen hörte. Der Prokurist sagte laut „Oh!". Es klang wie sausender Wind. Der Prokurist stand nah an der Tür. Er hielt sich die Hand vor den Mund. Er ging langsam zurück. Es sah aus, als würde etwas ihn wegschieben. Die Mutter hatte noch zerzauste Haare von der Nacht. Sie sah zuerst den Vater an. Dann ging sie zu Gregor. Sie fiel hin. Ihr Gesicht war in ihrer Brust versenkt. Es war gar nicht mehr zu sehen. Der Vater machte eine Faust. Er sah böse aus. Er wollte Gregor zurück ins Zimmer schieben. Der Vater sah sich im Wohnzimmer um. Dann hielt er sich die Hände vor die Augen. Er weinte sehr.

Gregor ging nicht ins Zimmer. Er lehnte an der Tür. Nur die Hälfte von ihm war zu sehen. Auch sein Kopf war zu sehen. Er schaute zu den anderen hinüber.

Es war jetzt viel heller draußen. Gegenüber stand ein großes, graues Krankenhaus. Es hatte viele Fenster. Der Regen fiel noch, aber man sah einzelne Tropfen. Auf dem Tisch stand sehr viel Geschirr.

Denn der Vater mochte das Frühstück morgens am liebsten. Er las dabei lange Zeitung. An der Wand hing ein Foto von Gregor. Er war im Militär und sah glücklich aus. Die Tür zum Flur stand offen. Man konnte die Treppe sehen.

Gregor sagte: „Ich ziehe mich jetzt an. Ich packe meine Sachen und fahre weg. Lasst ihr mich weg? Herr Prokurist, Sie sehen, ich bin ruhig. Ich arbeite gerne, auch wenn Reisen anstrengend ist. Ich brauche das Reisen. Wohin gehen Sie, Herr Prokurist? Ins Büro? Ja? Sagen Sie die Wahrheit dort? Ich kann gerade nicht arbeiten. Aber ich denke an meine frühere Arbeit. Ich glaube, ich werde später mehr arbeiten. Ich schulde dem Chef viel Geld. Sie wissen das. Ich muss auch für meine Eltern und Schwester sorgen. Ich stecke in Schwierigkeiten. Aber ich werde da wieder rauskommen. Bitte machen Sie es mir nicht noch schwerer. Unterstützen Sie mich im Geschäft. Die Leute mögen Reisende nicht, das weiß ich. Sie denken, Reisende verdienen viel Geld und haben ein gutes Leben. Sie denken nicht weiter darüber nach. Aber Sie, Herr Prokurist, sehen die Dinge klarer. Sie sehen klarer als die anderen Mitarbeiter. Und sogar klarer als der Chef selbst. Der Chef kann sich als Unternehmer manchmal irren.

Ein Reisender, der oft weg ist, kann leicht über ihn geredet werden. Er kann sich nicht wehren, weil er nichts davon hört. Wenn er von einer Reise zurückkommt, spürt er die schlechten Folgen. Bitte sagen Sie mir, dass Sie mir ein bisschen Recht geben", sagte er zum Prokuristen. Aber der Prokurist hörte schon nicht mehr zu. Er schaute nur kurz zurück und ging zur Tür. Er ging langsam, als ob er das Zimmer nicht verlassen dürfte. Dann war er im Vorzimmer. Es sah so aus, als hätte er sich den Fuß verbrannt. Im Vorzimmer streckte er die Hand zur Treppe aus. Es sah aus, als würde er dort gerettet.

Gregor wusste, er durfte den Prokuristen nicht gehen lassen. Sonst kann er seine Arbeit verlieren. Seine Eltern verstanden das nicht

so gut. Sie dachten, Gregor hätte seinen Job für immer.
Sie hatten auch zu viele Sorgen gerade. Sie dachten nicht an die Zukunft. Aber Gregor dachte an die Zukunft. Er musste den Prokuristen beruhigen und überzeugen. Gregors Zukunft und die seiner Familie hing davon ab. Wenn doch seine Schwester da wäre! Sie war schlau. Sie hatte schon geweint, als es Gregor noch gut ging. Der Prokurist mochte Frauen. Vielleicht hätte die Schwester ihn beruhigen können. Sie hätte mit ihm geredet, bevor er die Wohnung verließ. Aber die Schwester war nicht da. Gregor musste selbst etwas tun.

Er wusste nicht, wie er sich bewegen konnte. Man hatte ihn auch vielleicht nicht verstanden. Er ließ den Türflügel los. Er schob sich durch die Öffnung. Er wollte zum Prokuristen gehen. Der hielt sich mit beiden Händen am Geländer fest. Es sah lächerlich aus.
Aber Gregor fiel gleich hin. Er suchte etwas zum Festhalten und schrie leise. Er fiel auf seine vielen kleinen Beine. Dann fühlte er sich zum ersten Mal an diesem Morgen gut. Seine Beine standen fest auf dem Boden. Sie taten genau, was er wollte. Sie wollten ihn sogar dahin bringen, wo er hinwollte. Er dachte, jetzt wird alles besser.
Aber im gleichen Moment lag er auf dem Boden. Er war nicht weit von seiner Mutter weg. Sie sah ihn an. Plötzlich sprang sie hoch.
Sie streckte die Arme aus. Sie spreizte die Finger. Sie rief: „Hilfe, bitte um Gottes willen Hilfe!" Die Mutter neigte den Kopf, um Gregor besser zu sehen. Aber sie lief ohne Sinn zurück. Sie vergaß, dass hinter ihr ein Tisch mit Essen stand. Am Tisch setzte sie sich schnell hin. Sie merkte nicht, dass sich der Kaffee aus der Kanne auf den Teppich ergoss.

„Mutter, Mutter", sagte Gregor leise und schaute zu ihr hoch.
Er hatte den Prokuristen kurz vergessen. Aber er konnte nicht aufhören, auf den fließenden Kaffee zu schauen. Er schnappte mehrmals in die Luft.
Die Mutter schrie wieder, lief weg vom Tisch und fiel dem Vater in die Arme.

Gregor hatte keine Zeit für seine Eltern. Der Prokurist war schon auf der Treppe. Er schaute noch einmal zurück. Gregor rannte los, um ihn zu erreichen. Der Prokurist sprang die Treppe runter und war weg. „Huh!“, schrie er noch. Das Schreien hörte man im ganzen Haus.

Der Vater war erst ruhig. Aber die Flucht des Prokuristen machte ihn sehr verwirrt. Er lief nicht dem Mann nach. Er hielt auch Gregor nicht auf. Der Vater nahm einen Stock und eine Zeitung. Er wollte Gregor damit zurück in sein Zimmer treiben. Gregor wollte Hilfe. Aber der Vater hörte nicht zu. Er stampfte nur mit den Füßen. Die Mutter öffnete ein Fenster. Sie legte ihr Gesicht in ihre Hände. Zwischen Gasse und Treppenhaus entstand eine starke Zugluft. Die Fenstervorhänge flogen auf, die Zeitungen auf dem Tische rauschten, einzelne Blätter wehten über den Boden hin. Der Vater stieß Zischlaute aus, wie ein Wilder. Er drängte Gregor zurück. Aber Gregor konnte noch nicht gut rückwärts gehen. Es dauerte lange. Gregor wollte sich umdrehen. Dann wäre er gleich im Zimmer gewesen. Aber er hatte Angst, er macht den Vater ungeduldig, und er schlägt ihn dann mit dem Stock tot.

Aber Gregor musste sich umdrehen. Denn er konnte nicht gut rückwärts gehen. Er schaute oft ängstlich zu seinem Vater. Er drehte sich langsam, obwohl er schnell wollte. Der Vater half ihm mit seinem Stock. Aber der Vater machte auch dieses unerträgliche Zischen. Das machte Gregor nervös. Gregor drehte sich fast ganz um. Dann hörte er das Zischen und drehte sich wieder ein bisschen zurück. Gregor kam mit dem Kopf zur Tür. Aber sein Körper war zu breit. Er passte nicht durch die Tür. Der Vater wollte nicht den anderen Türflügel öffnen. Der Vater wollte nur Gregor möglichst schnell in sein Zimmer treiben. Der Vater half Gregor nicht sich aufzurichten. Dann wäre Gregor durchgekommen. Aber er wollte ihm keine Zeit geben.

Gregor wurde sehr laut von seinem Vater angetrieben. Es hörte sich an, als ob nicht nur sein Vater schrie. Es war kein Spaß mehr. Gregor wollte um jeden Preis durch die Tür. Er klemmte sich schief in der Tür fest. Seine Seite war wund und blutig. Er konnte sich nicht mehr bewegen. Seine Beine zitterten oder taten weh. Dann stieß sein Vater ihn kräftig an. Gregor flog in sein Zimmer und blutete stark. Die Tür wurde zugeschlagen. Dann war es still.

II.

Am Abend wachte Gregor auf. Er wäre auch ohne Lärm aufgewacht. Er hatte geschlafen wie ein Ohnmächtiger. Aber ein leiser Schritt und das Schließen einer Tür weckten ihn. Draußen war es hell durch die Straßenbahn. In Gregors Zimmer war es dunkel. Er bewegte sich langsam zur Tür. Er tastete mit seinen Fühlern. Jetzt fand er sie nützlich. Er wollte sehen, was passiert war.

Sein linker Körper war wie eine lange, schmerzhafte Narbe. Er humpelte auf seinen vielen Beinen. Ein kleines Bein war sehr verletzt. Es war ein Wunder, dass nur ein Bein weh tat. Das Bein zog er leblos hinter sich her.

An der Tür merkte er, warum er gekommen war. Er roch nach etwas zu essen. Dort stand ein Napf mit süßer Milch. In der Milch waren Brotstücke. Er wollte fast vor Freude lachen. Er hatte mehr Hunger als am Morgen. Er steckte seinen Kopf fast ganz in die Milch. Aber er war bald enttäuscht. Es war anstrengend wegen seiner schweren linken Seite. Er musste stark atmen beim Essen. Jetzt schmeckte ihm die Milch nicht mehr. Milch war eigentlich sein Lieblingsgetränk. Wahrscheinlich hatte seine Schwester ihm die Milch hingestellt. Aber er mochte sie gar nicht mehr und ging weg vom Napf. Er kroch zurück in die Mitte des Zimmers.

Im Wohnzimmer war das Gaslicht an. Gregor sah das durch einen Spalt in der Tür. Normalerweise las der Vater um diese Zeit laut aus der Zeitung vor. Er las für die Mutter und manchmal für die Schwester. Aber jetzt hörte man nichts.

Gregor las früher oft vor. Vielleicht hat er das in letzter Zeit nicht mehr gemacht. Die Wohnung war still, obwohl sie nicht leer war. Gregor dachte: „Meine Familie lebt sehr ruhig." Er war stolz darauf. Er hatte seiner Familie mit seiner Arbeit eine schöne Wohnung verschafft. Aber was, wenn jetzt alles Gute plötzlich aufhört? Gregor wollte nicht darüber nachdenken. Er bewegte sich lieber und kroch im Zimmer herum.

Am Abend öffnete jemand kurz die Tür und schloss sie wieder. Vielleicht wollte jemand reinkommen, war sich aber unsicher. Gregor stoppte bei der Wohnzimmertür. Er wollte den Besucher hereinlassen. Oder er wollte wissen, wer es ist. Aber die Tür öffnete sich nicht mehr. Gregor wartete umsonst. Früher wollten alle zu ihm kommen, wenn die Türen zu waren. Jetzt hatte er eine Tür aufgemacht. Die anderen waren am Tag offen. Aber niemand kam mehr. Die Schlüssel steckten von außen in den Türen.

Das Licht im Wohnzimmer ging spät in der Nacht aus. Die Eltern und die Schwester gingen leise weg. Also waren sie die ganze Zeit da gewesen. Bis zum Morgen wird wohl niemand mehr zu Gregor kommen. Er hatte viel Zeit zum Nachdenken. Er musste sein Leben neu planen. Aber das große Zimmer machte ihm Angst. Er wusste nicht warum. Er lag flach auf dem Boden. Das Zimmer war seit fünf Jahren seins. Schnell und ein bisschen beschämt kroch er unter das Sofa. Dort fühlte er sich wohl. Sein Rücken war etwas gequetscht. Sein Kopf konnte er nicht heben. Er war traurig, weil sein Körper zu breit war. Er passte nicht ganz unter das Sofa.

Er blieb die ganze Nacht dort. Manchmal schlief er fast ein. Aber der Hunger weckte ihn immer wieder auf. Er machte sich Sorgen und hatte unklare Hoffnungen. Am Ende dachte er, er müsse ruhig bleiben. Er wollte geduldig sein und Rücksicht auf seine Familie nehmen. Er wollte es für sie leichter machen. Denn er machte ihnen Probleme, weil er jetzt so war.

Am frühen Morgen sah Gregors Schwester nach ihm. Sie war schon fast fertig angezogen. Sie öffnete die Tür zum Zimmer und schaute gespannt hinein. Zuerst sah sie Gregor nicht unter dem Sofa. Aber dann erschrak sie sehr, als sie ihn fand. Sie schloss die Tür schnell wieder. Doch sie öffnete sie gleich wieder. Sie kam auf Zehenspitzen ins Zimmer. Als wäre Gregor sehr krank oder ein Fremder. Gregor beobachtete sie vom Sofa aus. Ob sie merken würde, dass er die Milch nicht getrunken hatte? Er hatte keinen Hunger gehabt. Er hoffte, sie würde ihm etwas anderes zu essen bringen. Er wollte sie aber nicht darum bitten. Er wollte lieber hungern. Doch die Schwester sah gleich den vollen Napf mit der Milch. Sie nahm ihn mit einem Lappen und brachte ihn weg.

Gregor wollte wissen, was seine Schwester ihm zum Essen gibt. Er dachte viel darüber nach. Sie tat es aus Liebe für ihn. Sie gab ihm viele Sachen zum Probieren. Sie legte alles auf eine alte Zeitung. Dort waren altes Gemüse, Knochen mit weißer Sauce, Rosinen, Mandeln, Käse, trockenes Brot, Brot mit Butter und Brot mit Butter und Salz. Sie gab ihm auch einen Napf mit Wasser. Das war wohl nur für Gregor. Seine Schwester ging schnell weg und schloss die Tür ab. So konnte Gregor in Ruhe essen. Gregor bewegte seine Beine schnell, als er anfing zu essen. Seine Wunden waren wohl verheilt. Er fühlte sich nicht mehr behindert. Das wunderte ihn. Er dachte an einen kleinen Schnitt im Finger vor einem Monat. Dieser Schnitt tat ihm vor zwei Tagen noch weh. ‚Bin ich jetzt weniger empfindlich?', dachte er und wollte sofort den Käse essen. Er aß den Käse, das Gemüse und die Sauce schnell. Er war sehr zufrieden. Frische Sachen mochte er nicht. Sie rochen schlecht für ihn. Er hatte alles gegessen und lag faul da. Die Schwester drehte den Schlüssel im Schloss. Das war das Zeichen sich zu verstecken.

Er war fast am Schlafen, aber er ging schnell unter das Sofa. Es war schwer für ihn, dort zu bleiben. Er hatte viel gegessen und war rund geworden. Unter dem Sofa war es eng und er konnte kaum atmen. Er hatte Atemnot und sah zu, wie seine Schwester sauber machte. Sie kehrte alles zusammen. Auch das Essen, das er nicht angerührt hatte. Sie tat alles in einen Eimer und deckte ihn zu. Dann trug sie den Eimer weg. Als sie wegging, kam er unter dem Sofa hervor. Er streckte sich und fühlte sich besser.

Gregor bekam jetzt jeden Tag sein Essen. Einmal am Morgen, wenn seine Eltern und das Dienstmädchen noch schliefen. Ein zweites Mal nach dem Mittagessen. Denn dann schliefen seine Eltern auch. Und das Dienstmädchen war weg. Gregors Schwester hatte es weggeschickt. Sie wollten sicher nicht, dass Gregor hungert. Aber sie wollten vielleicht nicht wissen, wie Gregor isst. Vielleicht wollte die Schwester ihnen auch Kummer ersparen. Denn sie hatten schon genug Sorgen.

Gregor wusste nicht, wie man den Arzt und den Schlosser aus der Wohnung geschickt hatte. Denn niemand dachte, dass er andere verstehen konnte. Auch seine Schwester nicht. Wenn sie in seinem Zimmer war, hörte er nur manchmal ihr Seufzen. Später gewöhnte sie sich ein wenig an die Situation. Aber nie ganz. Dann hörte Gregor manchmal etwas Nettes von ihr. Oder er dachte, es sei nett gemeint.

Wenn Gregor viel gegessen hat, sagte sie: „Heute hat es ihm geschmeckt." Wenn er wenig aß, sagte sie fast traurig:

„Nun ist wieder alles stehengeblieben.“ Gregor konnte keine neuen Dinge direkt erfahren. Aber er hörte oft Gespräche aus anderen Zimmern. Wenn er Stimmen hörte, ging er schnell zur Tür. Er drückte seinen ganzen Körper dagegen. Am Anfang ging es in jedem Gespräch um ihn, auch wenn es geheim war. Zwei Tage lang redete die Familie bei jeder Mahlzeit darüber, was sie jetzt tun sollten. Auch zwischen den Mahlzeiten sprachen sie darüber. Denn immer waren mindestens zwei Familienmitglieder zu Hause. Niemand wollte allein zu Hause sein. Sie konnten die Wohnung auch nicht ganz verlassen. Das Dienstmädchen flehte am ersten Tag die Mutter an sie zu entlassen. Es war nicht klar, wie viel sie wusste. Eine Viertelstunde später verabschiedete sie sich. Sie weinte und dankte für die Entlassung. Sie sagte, es sei das Beste, was ihr hier passiert ist. Sie schwor auch, ohne dass jemand es verlangte, niemandem etwas zu verraten.

Die Schwester und die Mutter mussten jetzt auch kochen. Aber sie aßen sowieso wenig. Gregor hörte oft, wie sie sich zum Essen auffordern. Aber sie sagten nur: „Danke, ich habe genug“ oder so etwas. Vielleicht tranken sie auch nichts. Die Schwester fragte den Vater oft, ob er Bier möchte. Sie bot an es zu holen. Oder sie sagte, sie könnte die Hausmeisterin schicken. Aber der Vater sagte laut „Nein“. Dann sprach niemand mehr darüber.

Am ersten Tag erzählte der Vater der Mutter und der Schwester von ihrem Geld. Manchmal stand er auf und holte Papiere aus einem kleinen Safe. Er hatte den Safe nach dem Scheitern seines Geschäfts gerettet. Man hörte, wie er den Safe auf- und zuschloss. Diese Gespräche waren das erste Gute, das Gregor seit langem hörte. Er dachte, sein Vater hatte nichts mehr von dem Geschäft. Der Vater hatte ihm nichts anderes gesagt. Gregor hatte ihn auch nicht gefragt.

Gregor wollte damals seiner Familie helfen. Er fing an, sehr hart zu arbeiten. Er wurde schnell vom kleinen Angestellten zum Verkäufer. Als Verkäufer konnte er mehr Geld verdienen. Er bekam Provision, das ist extra Geld für seine Arbeit. Dieses Geld gab er seiner Familie. Sie waren alle sehr froh darüber. Früher waren das gute Zeiten. Später verdiente Gregor noch mehr Geld. Er konnte alles für seine Familie bezahlen. Die Familie und Gregor gewöhnten sich daran. Sie nahmen das Geld dankbar an. Gregor gab es gerne. Aber sie fühlten sich nicht mehr so nah wie früher. Nur seine Schwester war ihm noch wichtig. Sie liebte Musik und konnte gut Geige spielen. Gregor hatte einen geheimen Plan. Er wollte sie nächstes Jahr zur Musikschule schicken. Das würde viel kosten. Aber er dachte, sie würden das Geld besorgen. Wenn Gregor kurz in der Stadt gewesen war, sprach er manchmal mit seiner Schwester. Sie sprachen über eine Musikschule. Dort sollte die Schwester studieren. Aber sie dachten, es ist nur ein Traum. Die Eltern mochten es nicht, wenn sie darüber sprachen. Gregor wollte es an Weihnachten sagen.

Gregor hatte viele Gedanken, die ihm jetzt nichts halfen. Er stand an der Tür und hörte zu. Manchmal war er so müde, dass er nicht mehr zuhören konnte. Sein Kopf fiel gegen die Tür. Das Geräusch hörten die anderen. Sie hörten auf zu reden. „Was macht er da?“, fragte der Vater. Dann sprachen sie weiter.

Gregor hörte, dass sie noch ein bisschen Geld hatten. Das Geld war von früher. Es war mehr geworden, weil sie es nicht angerührt hatten. Der Vater erklärte es oft, weil er lange nicht darüber gesprochen hatte. Die Mutter verstand es nicht immer gleich.

Gregor hat jeden Monat Geld nach Hause gebracht. Er hat nur ein bisschen für sich behalten. Das restliche Geld hat sich angesammelt. Gregor war froh darüber. Er dachte, das Geld könnte die Schulden seines Vaters verringern. Aber sein Vater hatte das Geld anders genutzt.

Das Geld reicht für die Familie nicht zum Leben. Es reicht nur für ein oder zwei Jahre. Man sollte es nur in Notfällen nutzen. Die Familie muss weiterhin Geld verdienen. Gregors Vater ist gesund, aber schon älter. Er hat fünf Jahre nicht gearbeitet. In dieser Zeit ist er träger geworden.

Sollte die alte Mutter, die Asthma hat, Geld verdienen? Sie wird schon müde, wenn sie durch die Wohnung geht. Sie muss oft am offenen Fenster sitzen, weil sie schwer atmet. Und soll die Schwester Geld verdienen? Sie ist erst siebzehn Jahre alt. Sie hat bisher ein schönes Leben geführt. Sie hat sich hübsch angezogen und lange geschlafen, in der Wirtschaft mitgeholfen, sich manchmal ein bisschen vergnügt und vor allem Violine gespielt. Beim Thema Geldverdienen lässt Gregor die Tür los und lässt sich auf das Sofa neben der Tür fallen. Dort ist es kühl. Er schämt sich und ist traurig.

Gregor lag oft die ganze Nacht auf dem Sofa. Er konnte nicht schlafen. Er bewegte sich nur auf dem Leder hin und her. Manchmal machte er sich die Mühe, einen Sessel zum Fenster zu schieben. Dann kletterte er auf das Fensterbrett und lehnte sich ans Fenster. Er hatte sich früher gern aus dem Fenster gelehnt. Das hat ihm früher ein gutes Gefühl gegeben.

Er konnte jeden Tag die Dinge, die ein bisschen weit weg waren, schlechter sehen. Das Krankenhaus gegenüber konnte er gar nicht mehr sehen. Er wohnte in einer ruhigen Stadtstraße. Aber er hatte jetzt das Gefühl, er schaut aus dem Fenster in eine leere Gegend. Dort sah alles grau aus und man konnte Himmel und Erde nicht unterscheiden. Die Schwester merkte zweimal, dass der Stuhl am Fenster stand. Dann räumte sie das Zimmer auf und schob den Stuhl wieder ans Fenster. Sie ließ auch das Fenster offen.

Gregor wollte mit der Schwester sprechen und ihr danken.

Sie tat so viel für ihn. Aber er konnte nicht und das machte ihm Kummer. Die Schwester versuchte, es weniger unangenehm zu machen. Mit der Zeit wurde sie besser darin. Aber Gregor merkte auch mit der Zeit alles genauer. Wenn die Schwester ins Zimmer kam, war das für ihn schrecklich.

Sie kam herein und ging schnell zum Fenster. Sie machte es auf, auch wenn es kalt war. Sie atmete tief ein. Ihr Laufen und der Lärm machten Gregor Angst. Er versteckte sich dann immer unter dem Sofa. Aber sie wollte ihm keine Angst machen. Sie konnte nur nicht im Zimmer bleiben, wenn das Fenster zu war.

Eines Tages kam sie früher. Gregor stand am Fenster. Sie hätte sich nicht wundern sollen, wie er aussah. Aber sie kam nicht rein. Sie ging zurück und machte die Tür zu. Jemand anders hätte denken können, Gregor wollte sie angreifen und beißen. Gregor versteckte sich schnell. Er wartete bis Mittag, bis sie wiederkam. Sie schien nervöser als sonst.

Sie konnte ihn nicht anschauen. Sie wollte weglaufen, wenn sie einen Teil von ihm sah. Er wollte, dass sie ihn nicht mehr sieht. Er legte ein Tuch über das Sofa. Das dauerte vier Stunden. Jetzt konnte sie ihn nicht mehr sehen, auch wenn sie sich bückte. Wenn sie das Tuch nicht wollte, hätte sie es wegnehmen können. Aber sie tat es nicht. Er dachte, sie sei dankbar dafür. Einmal hob er das Tuch ein wenig an.
Er wollte sehen, wie sie auf das Tuch reagiert.

Die Eltern gingen die ersten vierzehn Tage nicht zu ihm. Sie lobten jetzt die Arbeit der Schwester. Vorher waren sie oft unzufrieden mit ihr. Sie dachten, sie sei nicht sehr nützlich.
Der Vater und die Mutter warteten oft vor Gregors Zimmer.
Die Schwester machte dort sauber. Wenn sie fertig war, musste sie alles erzählen. Sie erzählte, wie das Zimmer aussah.

Sie sagte, was Gregor gegessen hatte. Sie berichtete, wie Gregor sich verhalten hatte. Sie sagte auch, ob es Gregor etwas besser ging. Die Mutter wollte bald zu Gregor gehen. Aber der Vater und die Schwester sagten erst, sie soll warten. Gregor hörte zu und fand das richtig. Später mussten sie die Mutter mit Kraft zurückhalten. Wenn die Mutter rief: „Lasst mich zu Gregor, er ist mein Sohn! Versteht ihr nicht, dass ich zu ihm muss?“, dachte Gregor anders. Es wäre besser, wenn die Mutter käme. Aber nicht jeden Tag. Vielleicht einmal pro Woche. Die Mutter verstand alles besser als die Schwester. Die Schwester war mutig, aber noch ein Kind. Vielleicht hatte sie die Aufgabe ohne viel Nachdenken übernommen. Bald durfte Gregor seine Mutter sehen.

Gregor wollte sich tagsüber nicht am Fenster zeigen. Er wollte seine Eltern schonen. Er konnte auf dem Boden nicht viel kriechen. Nachts fiel ihm das Liegen schwer. Essen machte ihm bald keine Freude mehr. Zum Spaß kroch er an Wänden und Decke herum. An der Decke zu hängen gefiel ihm. Dort fühlte er sich freier und leichter. Manchmal fiel er überraschend auf den Boden. Er verletzte sich dabei aber nicht. Seine Schwester sah, dass er gern kroch. Sie sah auch die Spuren seines Klebstoffs. Sie wollte ihm mehr Platz zum Kriechen geben. Sie dachte daran, Möbel wegzuräumen. Vor allem einen Kasten und einen Schreibtisch.

Sie konnte es nicht allein machen. Sie wollte den Vater nicht um Hilfe bitten. Das Dienstmädchen von früher hätte nicht geholfen. Die Köchin wollte nur in der Küche arbeiten. Sie öffnete die Küche nur, wenn man rief. Die Schwester musste die Mutter holen, wenn der Vater weg war. Die Mutter kam schnell, aber wurde still vor Gregors Zimmer. Die Schwester schaute zuerst ins Zimmer. Dann durfte die Mutter hinein. Gregor hatte das Betttuch schnell versteckt. Es sah aus wie ein zufälliges Tuch auf dem Sofa. Gregor schaute nicht unter dem Tuch hervor. Er war froh, dass die Mutter da war.

„Komm, man sieht ihn nicht", sagte die Schwester. Sie hielt die Mutter an der Hand. Gregor hörte die Frauen den schweren Schrank räumen. Die Schwester machte fast alles allein. Die Mutter hatte Angst, dass die Schwester sich zu sehr anstrengt. Es dauerte lange.

Die Mutter arbeitete schon 15 Minuten. Dann sagte sie, sie sollten den Schrank hierlassen. Der Schrank ist zu schwer. Sie werden nicht fertig, bevor der Vater kommt. Der Schrank im Zimmer blockiert den Weg. Sie ist sich nicht sicher, ob es Gregor gefällt, wenn sie die Möbel wegräumen. Die leere Wand macht sie traurig. Vielleicht fühlt sich Gregor ohne Möbel auch traurig. Er kennt die Möbel gut. Er könnte sich im leeren Zimmer allein fühlen. Die Mutter sprach sehr leise. Sie wollte nicht, dass Gregor ihre Stimme hört. Sie dachte, er versteht die Worte nicht. Sie fragte leise: „Zeigen wir Gregor, dass wir keine Hoffnung mehr haben? Lassen wir ihn allein?" Sie glaubt, es ist besser, das Zimmer so zu lassen, wie es war. Wenn Gregor zurückkommt, findet er alles wie früher. Dann kann er die Zeit dazwischen leichter vergessen.

Gregor hörte die Worte seiner Mutter. Ohne direktes Sprechen mit anderen und das Leben im gleichen Hause ist er wohl verwirrt geworden. Er fragte sich, ob er sein Zimmer leer haben wollte. Wollte er wirklich sein gemütliches Zimmer zu einer Höhle machen? In der Höhle könnte er überall kriechen. Aber würde er dann alles Menschliche vergessen? Er begann schon zu vergessen. Aber die Stimme seiner Mutter weckte ihn auf. Er wollte nun nichts aus dem Zimmer wegnehmen. Die Möbel waren gut für ihn. Sie hielten ihn davon ab, sinnlos herumzukriechen. Das war gut für ihn.

Die Schwester dachte anders als die Mutter. Grete war oft die Expertin, wenn es um Gregor ging. Deshalb hörten die Eltern auf sie. Die Mutter wollte nur ein paar Möbel aus Gregors Zimmer nehmen. Aber die Schwester wollte fast alle Möbel wegnehmen. Sie ließ nur das Sofa da. Gregor brauchte viel Platz. Die Schwester sah das.

Er benutzte die Möbel nicht. Vielleicht wollte sie auch, dass Gregors Zimmer leerer aussieht. So könnte sie ihm besser helfen. Niemand außer ihr wollte in ein leeres Zimmer gehen. Die Mutter war unsicher und redete nicht viel. Sie half der Schwester, die Möbel wegzutragen.

Gregor konnte ohne den Kasten leben. Aber den Schreibtisch brauchte er. Als die Frauen den Kasten wegtrugen, schaute Gregor vorsichtig heraus. Er wollte helfen, ohne Probleme zu machen. Aber seine Mutter kam zuerst zurück. Gregor konnte sie erschrecken. Deshalb lief er schnell zurück. Dabei bewegte sich das Tuch ein wenig. Das sah seine Mutter. Sie hielt an und ging dann weg.

Gregor dachte, es ist normal, Möbel zu bewegen. Aber das Laufen und Reden der Frauen störte ihn. Die Möbel machten Kratzgeräusche auf dem Boden. Das war zu viel für ihn. Er drückte sich fest an den Boden. Aber er wusste, er konnte das nicht lange aushalten.

Sie räumten sein Zimmer leer. Sie nahmen alles weg, was er mochte. Sie trugen den Kasten mit der Laubsäge und Werkzeugen hinaus. Sie hoben den Schreibtisch aus dem Boden. An diesem Schreibtisch hatte er als Schüler gearbeitet. Er hatte keine Zeit, über die Absichten der Frauen nachzudenken. Er hatte sie fast vergessen. Die Frauen waren sehr müde. Sie arbeiteten ohne zu sprechen. Man hörte nur ihre schweren Schritte.

Er sprang auf. Die Frauen lehnten im anderen Zimmer am Schreibtisch. Sie wollten sich ausruhen. Er rannte hin und her. Er wusste nicht, was er zuerst retten sollte. Dann sah er ein Bild an der Wand. Es zeigte eine Dame in Pelz. Er kletterte schnell hoch und drückte sich an das Glas. Das Glas fühlte sich gut auf seinem heißen Bauch an. Das Bild würde jetzt niemand wegnehmen. Er drehte seinen Kopf zur Tür. Er wollte die Frauen beobachten, wenn sie zurückkamen.

Die Frauen hatten nicht lange geruht. Sie kamen zurück. ‚Grete trug ihre Mutter fast. „Was nehmen wir jetzt?“, fragte Grete und sah sich um. Dann sahen sie Gregor an der Wand. Ihre Blicke trafen sich.

Die Mutter war da. Deshalb wollte sie ruhig bleiben. Sie beugte sich zu ihrer Mutter. Ihre Mutter sollte ihn nicht sehen. Sie sagte zitternd: „Komm, gehen wir zurück ins Wohnzimmer?“ Gregor wusste, was seine Schwester Grete wollte. Sie wollte die Mutter in Sicherheit bringen. Dann wollte sie Gregor von der Wand bekommen. Gregor dachte, sie kann es versuchen. Er blieb auf seinem Bild. Er wollte es nicht hergeben. Er würde eher auf Grete springen.

Aber Gretchens Worte machten der Mutter noch mehr Sorgen. Die Mutter ging zur Seite. Sie sah einen großen braunen Fleck auf der Tapete. Sie schrie laut: „Ach Gott, ach Gott!“ Dann fiel sie auf das Sofa. Sie bewegte sich nicht mehr. „Du, Gregor!“, rief die Schwester. Sie hob ihre Faust. Sie sah ihn fest an. Es waren die ersten Worte an ihn, seit er sich verwandelt hatte.

Sie rannte in ein anderes Zimmer. Sie wollte etwas holen, um ihre Mutter zu wecken. Gregor wollte auch helfen. Er wollte ein Bild retten. Aber er klebte am Glas fest. Er musste sich losreißen. Dann lief er auch in das andere Zimmer. Er dachte, er könnte seiner Schwester einen Rat geben. Aber er konnte nur zusehen. Seine Schwester suchte in Flaschen. Sie erschrak und drehte sich um. Eine Flasche fiel herunter und ging kaputt. Ein Stück Glas verletzte Gregor im Gesicht. Eine Medizin lief über ihn. Grete nahm schnell viele Flaschen. Sie lief damit zu ihrer Mutter. Sie schlug die Tür mit dem Fuß zu.

Gregor konnte jetzt nicht zu seiner Mutter. Vielleicht war sie wegen ihm in Gefahr. Er durfte die Tür nicht öffnen. Er wollte seine Schwester nicht stören. Sie musste bei der Mutter bleiben. Gregor konnte nur warten. Er fühlte sich schlecht und machte sich Sorgen. Er kroch überall herum.

Über Wände, Möbel und die Decke. Dann fiel er auf den Tisch.

Es war eine Weile still. Gregor lag da und war schwach. Vielleicht war die Stille um ihn herum ein gutes Zeichen. Dann klingelte es. Das Mädchen hatte sich in in der Küche eingesperrt. Grete musste die Tür öffnen. Der Vater kam nach Hause. Er fragte: „Was ist geschehen?" Grete sah so aus, als ob sie ihm alles sagen würde. Grete sagte leise: „Mama ist ohnmächtig geworden. Aber es geht ihr besser. Gregor ist weggegangen." Der Vater sagte: „Ich habe es erwartet. Ich habe es euch gesagt. Aber ihr habt nicht zugehört." Gregor wusste, der Vater hatte etwas falsch verstanden. Er dachte, Gregor hätte etwas Schlimmes getan. Gregor hatte keine Zeit, es dem Vater zu erklären. Er musste den Vater beruhigen. Gregor ging zur Tür seines Zimmers. Er wollte dem Vater zeigen, dass er zurück in sein Zimmer will. Er wollte zeigen, dass man ihn nicht zwingen muss. Man muss nur die Tür öffnen und er geht rein.

Aber der Vater war nicht in der Stimmung, das zu verstehen. Als der Vater reinkam, rief er laut: „Ah!" Er klang wütend und froh zugleich. Gregor zog seinen Kopf von der Tür weg und schaute zum Vater hoch.

Er hatte sich seinen Vater anders vorgestellt. Er hatte die Veränderung im Hause nicht bemerkt. Er war überrascht, wie sein Vater jetzt aussah. Früher war der Vater oft müde und lag im Bett. Wenn er von einer Reise zurückkam, saß der Vater im Schlafrock da. Der Vater konnte kaum aufstehen. Er hob nur die Arme, um Hallo zu sagen. Bei Spaziergängen ging der Vater sehr langsam. Er trug einen alten Mantel und einen Stock. Wenn er sprechen wollte, blieb er stehen. Alle kamen dann zu ihm.

Jetzt stand der Vater gerade da. Er trug eine blaue Uniform mit goldenen Knöpfen. Solche Uniformen tragen Leute, die bei Banken arbeiten.

Sein Kinn sah stark aus über dem hohen Kragen. Seine Augen waren schwarz und sahen frisch und wach aus. Seine Augenbrauen waren buschig. Sein weißes Haar war ordentlich gekämmt.

Er warf seine Mütze quer durch das Zimmer auf das Sofa. Auf der Mütze war ein goldenes Zeichen. Vielleicht war es von einer Bank. Dann ging er auf Gregor zu. Er hatte die Hände in den Taschen. Sein Gesicht sah streng aus. Er hob seine Füße sehr hoch. Gregor sah, wie groß die Sohlen der Stiefel waren. Aber er dachte nicht lange darüber nach. Gregor wusste, sein Vater war immer sehr streng zu ihm. Gregor lief vor seinem Vater weg. Wenn der Vater stehen blieb, blieb auch Gregor stehen. Wenn der Vater sich bewegte, lief Gregor wieder los. Sie gingen so mehrmals im Zimmer herum. Aber es passierte nichts Entscheidendes. Es sah auch nicht aus wie eine echte Verfolgung. Gregor blieb auf dem Boden. Er hatte Angst, der Vater könnte böse werden, wenn er an die Wand oder Decke fliehen würde. Gregor wusste, er konnte nicht lange so laufen. Der Vater machte einen Schritt und Gregor musste viele Bewegungen machen. Gregor bekam schon schwer Luft. Früher hatte er auch schon Probleme mit der Lunge gehabt.

Er ging schwankend und wollte schnell laufen. Er konnte kaum die Augen offen halten. Er dachte nur ans Laufen, nicht an andere Wege zu entkommen. Er hatte fast vergessen, dass er frei herumgehen konnte. Die Wände waren voll mit spitzen Möbeln. Dann fiel etwas neben ihm herunter und rollte weg. Es war ein Apfel. Ein zweiter Apfel flog auf ihn zu. Gregor blieb stehen, weil er erschrocken war. Weiterlaufen hatte keinen Sinn. Sein Vater wollte ihn mit Äpfeln bewerfen. Der Vater hatte viele Äpfel in seinen Taschen. Er warf sie auf Gregor, ohne genau zu zielen. Die Äpfel rollten auf dem Boden und stießen zusammen. Ein Apfel traf Gregor am Rücken, tat aber nicht weh. Ein anderer Apfel traf ihn fest am Rücken. Gregor wollte weiterkriechen und den Schmerz loswerden. Aber der Schmerz war so stark, er konnte sich nicht bewegen. Er lag da und war ganz durcheinander.

Er sah zum letzten Mal, wie die Tür aufging. Seine Schwester schrie. Seine Mutter kam schnell heraus. Sie trug nur ein Hemd. Die Schwester hatte ihr die Kleider ausgezogen. So konnte sie besser atmen, als sie ohnmächtig war. Die Mutter lief zum Vater. Ihre Röcke fielen dabei herunter. Sie stolperte über die Röcke. Dann umarmte sie den Vater. Sie bat ihn, Gregors Leben zu schonen. Aber Gregor konnte nicht mehr gut sehen.

III.

Gregor hatte über einen Monat lang eine schwere Wunde. Ein Apfel steckte in seiner Wunde. Niemand nahm den Apfel heraus. Der Apfel erinnerte alle daran. Gregor war trotz seiner traurigen und ekelhaften Gestalt ein Teil der Familie. Man sollte ihn nicht wie einen Feind behandeln. Die Familie musste den Ekel überwinden. Sie mussten einfach alles ertragen.

Gregor konnte sich wegen seiner Wunde nicht mehr gut bewegen. Er brauchte lange, um sein Zimmer zu durchqueren. Er konnte nicht mehr an der Decke kriechen. Aber eines war gut: Abends wurde die Tür zum Wohnzimmer aufgemacht. Dann konnte er seine Familie sehen und hören, ohne dass sie ihn sahen. Früher waren die Gespräche in der Familie lebendiger. Gregor hatte sich oft danach gesehnt, wenn er müde war. Jetzt war es meistens sehr ruhig zu Hause. Der Vater schlief oft gleich nach dem Essen ein. Die Mutter und die Schwester waren leise. Die Mutter nähte feine Sachen für einen Laden. Die Schwester lernte abends Kurzschrift und Französisch. Sie wollte später vielleicht einen besseren Job bekommen.

Manchmal wachte der Vater auf. Er wusste nicht, dass er geschlafen hatte. Er sagte zur Mutter: „Du nähst heute schon lange!" Dann schlief er sofort wieder ein. Mutter und Schwester lächelten sich müde an.

Der Vater wollte seine Uniform zu Hause nicht ausziehen.
Sein Schlafrock hing ungenutzt. Der Vater schlief voll angezogen, als ob er immer arbeiten müsste. Die Uniform wurde trotz Pflege schmutzig.
Gregor sah oft auf die fleckige Uniform mit glänzenden Knöpfen.
Der alte Mann schlief darin unbequem, aber ruhig.

Wenn es zehn Uhr war, versuchte die Mutter, den Vater leise zu wecken.
Sie wollte, dass er ins Bett geht. Denn im Sessel konnte er nicht richtig schlafen. Der Vater musste um sechs Uhr zur Arbeit. Aber der Vater wollte nicht vom Tisch aufstehen. Er schlief immer ein.
Es war sehr schwer, ihn ins Bett zu bringen.

Die Mutter und die Schwester redeten oft mit dem Vater.
Sie wollten ihn zum Aufstehen bringen. Aber er schüttelte nur den Kopf.
Er hielt die Augen zu. Er stand nicht auf. Die Mutter zog ihn am Ärmel.
Sie sagte nette Worte zu ihm. Die Schwester half der Mutter.
Aber der Vater hörte nicht zu. Er saß nur tiefer im Sessel.
Die Frauen nahmen ihn unter den Armen. Da öffnete er die Augen.
Er sah die Mutter und die Schwester an. Er sagte oft: „Das ist ein Leben.
Das ist die Ruhe meiner alten Tage." Die Frauen halfen ihm aufzustehen.
Er stand schwer auf. Er ging zur Tür. Dort ging er alleine weiter.
Die Mutter und die Schwester ließen ihre Arbeit liegen.
Sie liefen hinter dem Vater her, um ihm zu helfen.

Wer hatte Zeit für Gregor in dieser müden Familie? Sie hatten viel zu tun. Sie hatten weniger Geld. Sie mussten das Dienstmädchen entlassen.
Eine große, starke Frau kam jetzt morgens und abends. Sie machte die schwere Arbeit. Die Mutter machte alles andere. Sie nähte auch viel.

Die Familie musste Schmuck verkaufen, den die Mutter und Schwester früher gerne trugen. Gregor hörte abends, wie viel Geld sie dafür bekamen. Sie konnten ihre große Wohnung nicht wechseln.
Sie wussten nicht, wie sie mit Gregor umziehen sollten. Gregor dachte,

man kann in einer Kiste mit Löchern leicht umziehen. Aber die Familie wollte nicht umziehen. Sie dachten, sie hatten mehr Pech als andere. Die Familie tat alles, was sie konnte. Der Vater brachte den Bankangestellten das Frühstück. Die Mutter wusch Kleidung für andere Leute. Die Schwester lief nach dem Befehl der Kunden hin und her. Aber die Familie konnte nicht mehr machen.

Gregors Rückenwunde tat wieder weh. Das passierte, wenn seine Mutter und Schwester den Vater ins Bett brachten. Dann kamen sie zurück. Sie hörten auf zu arbeiten. Sie setzten sich nah zusammen. Die Mutter sagte zu Gregors Schwester: „Mach die Tür zu Gregors Zimmer zu, Grete." Dann war Gregor im Dunkeln. Die Frauen weinten nebenan. Oder sie saßen einfach da und starrten auf den Tisch.

Gregor konnte fast nicht schlafen, weder nachts noch tagsüber. Wenn die Tür aufging, wollte er manchmal helfen wie früher. Er dachte an seinen Chef und den Prokuristen, die Angestellten und die Lehrjungen, den dummen Hausknecht, zwei drei Freunde aus anderen Geschäften, ein Stubenmädchen aus einem Hotel in der Provinz und an eine Frau aus einem Hutgeschäft. Er hatte sich zu langsam um sie bemüht. Diese Frauen kamen in seinen Gedanken vor. Aber sie halfen ihm und seiner Familie nicht. Gregor war froh, wenn sie weg waren.

Er war nicht in Stimmung, sich um seine Familie zu kümmern. Er war nur wütend, weil niemand sich um ihn kümmerte. Er hatte keinen Hunger. Aber er wollte trotzdem etwas aus der Speisekammer holen. Das stand ihm zu. Seine Schwester dachte nicht mehr darüber nach, was ihm schmecken könnte. Sie brachte ihm schnell etwas zu essen, bevor sie zur Arbeit ging. Abends kehrte sie das Essen weg. Es war egal, ob er es angerührt hatte oder nicht. Sie machte sein Zimmer schnell sauber. Aber es war immer noch schmutzig. Es gab Dreck an den Wänden und Staub auf dem Boden.

Am Anfang versuchte Gregor, seiner Schwester ein schlechtes Gefühl zu geben. Er legte sich in Ecken, die besonders dreckig waren. Aber es half nichts. Sie sah den Dreck, aber es war ihr egal. Sie wollte ihn nicht wegmachen.

Nur sie räumte Gregors Zimmer auf. Da passte die Schwester auf. Die ganze Familie war sehr empfindlich geworden. Einmal hatte die Mutter das Zimmer sehr gründlich geputzt. Sie brauchte viele Eimer Wasser dafür. Die Nässe störte Gregor. Er lag wütend und still auf dem Sofa. Die Mutter bekam Ärger dafür. Am Abend sah die Schwester die Veränderungen im Zimmer. Sie war sehr sauer. Sie rannte ins Wohnzimmer und fing an zu weinen. Die Eltern waren erst überrascht und wussten nicht, was sie tun sollen. Dann rührten sie sich. Der Vater schimpfte mit der Mutter. Er sagte, sie hätte das Zimmer der Schwester überlassen sollen. Er schrie auch die Schwester an. Er sagte, sie dürfe das Zimmer nie wieder putzen. Die Mutter wollte den sehr aufgeregten Vater ins Schlafzimmer bringen. Die Schwester weinte laut und schlug auf den Tisch. Gregor war sehr wütend darüber. Niemand dachte daran, die Tür zu schließen. So musste er alles sehen und hören.

Manchmal war die Schwester müde. Aber die Mutter musste nicht für sie einspringen. Gregor hätte nicht vernachlässigt werden können. Denn es gab die Putzfrau. Diese alte Frau hatte keine Angst vor Gregor. Einmal hatte sie seine Zimmertür geöffnet. Sie sah Gregor hin und her laufen. Sie war überrascht und blieb stehen. Danach schaute sie jeden Morgen und Abend kurz in Gregors Zimmer. Sie rief ihn manchmal zu sich. Sie sagte: „Komm her, alter Mistkäfer!“ oder „Schau, der alte Mistkäfer!“ Gregor reagierte nicht darauf. Er bewegte sich nicht, wenn sie die Tür öffnete. Es wäre besser gewesen, der Putzfrau zu sagen, sie soll sein Zimmer sauber machen.

Am frühen Morgen regnete es stark. Gregor war sehr wütend auf die

Putzfrau. Sie redete viel. Er bewegte sich langsam auf sie zu. Die Putzfrau hatte keine Angst. Sie hob einen Stuhl hoch. Sie wollte Gregor damit schlagen. Gregor drehte sich um. Sie fragte: „Also weiter geht es nicht?" Die Putzfrau stellte den Stuhl weg.

Gregor aß fast nichts mehr. Manchmal nahm er einen Bissen. Er hielt ihn lange im Mund. Dann spuckte er ihn meist aus. Er dachte, er isst nicht wegen seinem Zimmer. Aber er gewöhnte sich an das Zimmer. Im Zimmer standen viele Sachen. Diese Sachen passten sonst nirgends hin. Ein Zimmer in der Wohnung war vermietet.

Drei Leute wohnten dort. Sie waren sehr ernst. Sie trugen Vollbärte. Sie hatten es gern sehr ordentlich. Sie wollten alles sauber haben. Sie hatten ihre eigenen Möbel mitgebracht. Deshalb brauchte man viele alte Sachen nicht mehr. Aber man wollte sie auch nicht wegwerfen. Alle diese Sachen wanderten in Gregors Zimmer. Auch die Abfallkisten aus der Küche schleuderte die Putzfrau dort hin. Sie hatte es immer eilig. Gregor sah meist nur die Sachen und die Hand der Putzfrau. Vielleicht wollte die Putzfrau die Sachen später holen. Aber sie blieben meistens dort liegen. Manchmal hatte Gregor keinen Platz mehr und bewegte die Sachen. Erst musste er das tun. Später macht es ihm Spaß. Aber danach war er sehr müde und traurig. Dann bewegt er sich lange nicht.

Manchmal aßen die Mieter ihr Abendessen im Wohnzimmer. Dann war die Tür zu. Gregor machte die Tür nicht auf. Er hatte sie früher nicht benutzt. Er lag in seinem Zimmer, ohne dass es jemand sah. Einmal ließ die Putzfrau die Tür offen. Die Mieter kamen rein und machten Licht an. Sie setzten sich an den Tisch. Dort saß früher Gregors Familie. Sie legten Servietten hin und nahmen Messer und Gabel. Die Mutter kam mit Fleisch. Die Schwester kam mit Kartoffeln. Das Essen dampfte. Die Mieter schauten sich das Essen genau an. Der Mann in der Mitte schnitt das Fleisch. Er wollte sehen, ob es weich ist. Er war zufrieden. Die Mutter und Schwester lächelten erleichtert.

Die Familie selbst aß in der Küche. Der Vater kam aber vorher ins Zimmer. Er grüßte einmal rund um den Tisch. Die Männer standen auf und murmelten etwas. Dann aßen sie fast ohne zu reden. Gregor fand es komisch, dass er ihre Zähne beim Kauen hörte. Es war, als wollte man ihm sagen, dass man Zähne zum Essen braucht. Gregor dachte:
‚Ich habe Hunger, aber nicht auf das Essen der Männer.
Die Männer essen und ich verhungere.'

An diesem Abend hörte Gregor eine Violine aus der Küche.
Die Männer hatten schon gegessen. Einer las eine Zeitung
und gab den anderen zwei Blätter davon. Sie lasen, lehnten sich zurück und rauchten. Sie hörten der Violine zu. Sie standen auf, gingen leise zur Tür und blieben dort stehen. Der Vater hörte sie in der Küche und rief: „Stört die Musik die Herren? Wir können sofort aufhören."

„Kommen Sie nicht rein und spielen hier?", fragte einer der Männer. „Es ist bequemer." „Ja, bitte", sagte der Vater, als ob er der Geiger wäre. Die Männer gingen ins Zimmer und warteten. Der Vater kam mit einem Notenständer. Die Mutter kam mit Notenblättern. Die Schwester kam mit der Geige. Die Schwester machte alles für das Spiel bereit.
Die Eltern waren sehr höflich zu den Mietern. Sie setzten sich nicht auf ihre eigenen Stühle. Der Vater stand an der Tür. Er hielt die Hand an seiner Jacke. Ein Mann gab der Mutter einen Stuhl. Sie setzte sich in eine Ecke. Die Schwester fing an zu spielen. Vater und Mutter sahen ihr beim Spielen zu. Gregor kam näher, weil er die Musik mochte.
Er steckte seinen Kopf ins Wohnzimmer. Er war früher sehr rücksichtsvoll. Jetzt war das anders. Er war nicht überrascht darüber.
Er hätte sich jetzt verstecken sollen. Denn in seinem Zimmer war viel Staub. Der Staub flog bei jeder Bewegung herum. Er war ganz voll mit Staub. Auf seinem Rücken hatte er Fäden, Haare und Reste von Essen.

Aber er kümmerte sich nicht darum. Früher hat er sich oft am Teppich gerieben. Jetzt tat er das nicht mehr. Trotzdem ging er auf den sauberen Boden im Wohnzimmer.

Aber niemand sah ihn an. Die Familie hörte auf die Geige.
Die Leute, die bei ihnen wohnten, standen erst nah bei der Schwester.
Sie hätten in ihre Noten sehen können. Das hätte sie gestört.
Dann gingen sie zum Fenster. Sie redeten leise und sahen traurig aus.
Der Vater sah sie an. Es sah so aus, als ob sie enttäuscht waren.
Sie wollten wohl schöne Musik hören. Aber sie fanden es nicht gut.
Sie blieben nur aus Höflichkeit. Sie rauchten Zigarren und pusteten den Rauch hoch. Das zeigte, dass sie nervös waren. Aber die Schwester spielte wirklich schön.

Sie schaute traurig auf die Noten. Gregor robbte vorwärts.
Er wollte ihr in die Augen sehen. Er fragte sich, ob Musik ihn so berührt, weil er ein Tier ist. Er fühlte, Musik zeigt ihm etwas Wichtiges.
Er wollte zu seiner Schwester kriechen. Er wollte an ihrem Rock zupfen.
So wollte er ihr sagen: „Komm mit deiner Violine in mein Zimmer."
Er dachte, niemand schätzt ihre Musik so sehr wie er. Er wollte, dass sie immer bei ihm bleibt. Er wollte nicht, dass sie sein Zimmer verlässt. Er wollte sie beschützen. Er wollte, dass sie freiwillig bei ihm bleibt. Sie sollte neben ihm sitzen. Er wollte ihr sagen, er will sie zur Musikschule schicken. Das wollte er zu Weihnachten sagen. Er dachte, Weihnachten ist schon vorbei. Er glaubte, dann würde sie weinen vor Freude. Gregor würde sie dann umarmen und ihren Hals küssen. Sie trug keinen Kragen mehr, seit sie arbeitete.

„Herr Samsa!", rief ein Mann. Er zeigte auf Gregor, der langsam ging.
Die Violine hörte auf zu spielen. Der Mann lächelte und schüttelte den Kopf. Dann sah er wieder zu Gregor. Der Vater wollte die Männer beruhigen. Er dachte, das ist wichtiger als Gregor wegzuschicken.
Die Männer waren nicht aufgeregt. Sie fanden Gregor interessanter

als die Musik. Der Vater lief zu ihnen. Er breitete seine Arme aus. Er wollte sie in ihr Zimmer drücken. Sie sollten Gregor nicht sehen. Jetzt wurden die Männer ein bisschen böse. Sie wussten nicht, ob sie wegen des Vaters böse waren. Oder weil sie jetzt verstanden, wer Gregor war. Sie wollten Erklärungen vom Vater. Sie hoben ihre Arme. Sie zupften an ihren Bärten. Sie gingen langsam zurück in ihr Zimmer.

Die Schwester war traurig, weil das Spiel plötzlich aufhörte. Aber sie fing sich wieder. Sie hielt kurz die Geige und den Bogen in den Händen. Dann legte sie die Geige auf den Schoß der Mutter. Die Mutter hatte Probleme mit dem Atmen. Sie saß noch auf ihrem Stuhl. Die Schwester lief schnell in das Nebenzimmer. Die Männer, die dort wohnten, gingen auch dorthin. Der Vater drängte sie. Die Schwester machte vorher schnell die Betten. Sie war fertig, bevor die Männer das Zimmer betraten. Sie ging hinaus. Der Vater war unhöflich zu den Männern. Er drängte sie weiter. Einer der Männer wurde wütend. Er stampfte mit dem Fuß auf den Boden. Das hielt den Vater zurück. Der Mann sagte, er wolle sein Zimmer nicht mehr mieten. Er hob die Hand und spuckte auf den Boden. Er sagte, es sei wegen der schlechten Situation in der Wohnung und der Familie.

„Ich werde nicht für die Tage zahlen, die ich hier gewohnt habe. Ich denke darüber nach, ob ich von Ihnen Geld fordern soll. Glauben Sie mir, ich habe gute Gründe dafür." Er wartete dann still, als ob er eine Antwort erwartete. Sofort sagten seine zwei Freunde: „Wir kündigen jetzt sofort." Dann machte er die Tür zu. Der Vater ging unsicher zu seinem Sessel und setzte sich. Es sah so aus, als ob er ein Nickerchen machen wollte. Aber sein Kopf nickte stark. Er schlief nicht wirklich. Gregor lag die ganze Zeit still da. Er war enttäuscht, weil sein Plan nicht aufging. Vielleicht war er auch zu schwach, weil er so viel gehungert hatte. Er konnte sich nicht bewegen. Er dachte, gleich würde alles zusammenbrechen. Er wartete. Selbst als die Violine runterfiel und laut hallte, erschrak er nicht.

Die Schwester sagte dann: „Liebe Eltern, so kann es nicht weitergehen. Vielleicht seht ihr das nicht, aber ich sehe es. Ich will das Untier nicht beim Namen meines Bruders nennen. Wir müssen dieses Untier loswerden. Wir haben alles versucht, um es zu pflegen. Niemand kann uns Vorwürfe machen."

„Sie hat tausendmal recht", sagte der Vater leise. Die Mutter konnte nicht gut atmen. Sie hustete in ihre Hand. Ihre Augen sahen komisch aus.

Die Schwester ging schnell zur Mutter. Sie hielt ihr die Stirn. Der Vater saß gerade. Er spielte mit seiner Mütze. Er schaute manchmal zu Gregor.

„Wir müssen es loswerden", sagte die Schwester nur zum Vater. Die Mutter konnte wegen des Hustens nicht zuhören. „Es wird euch krank machen", sagte sie. „Wir arbeiten schon hart. Wir können das zu Hause nicht auch noch diese ewige Quälerei ertragen. Ich kann nicht mehr." Sie weinte sehr stark. Ihre Tränen fielen auf das Gesicht der Mutter. Sie wischte sie einfach ab.

„Kind", sagte der Vater freundlich, „aber was sollen wir tun?"

Die Schwester zuckte mit den Schultern. Sie wusste nicht, was sie tun sollte. Sie weinte. Früher war sie sicherer. „Versteht er uns?", fragte der Vater. Die Schwester schüttelte den Kopf. Sie weinte noch. Sie meinte, das sei nicht möglich. „Versteht er uns?", fragte der Vater noch einmal. Er schloss die Augen. Er glaubte jetzt auch, dass es nicht möglich ist. „Wir müssen es wegschicken", sagte die Schwester. „Das ist die einzige Lösung, Vater. Du musst vergessen, dass es Gregor ist. Das ist unser Problem. Wenn es Gregor wäre, hätte er schon verstanden. Menschen können nicht mit so einem Tier leben. Er wäre schon weggegangen. Dann hätten wir keinen Bruder mehr. Aber wir könnten weiterleben und an ihn denken. Aber dieses Tier macht uns Probleme. Es hat die Mieter vertrieben. Es will die ganze Wohnung für sich. Es will, dass wir auf der Straße schlafen. Schau, Vater", rief sie plötzlich, „es fängt schon wieder an!"

Gregors Schwester erschrak sehr und lief weg. Sie lief zu ihrem Vater. Der Vater stand auf und wollte sie beschützen. Aber Gregor wollte niemandem Angst machen. Er wollte nur in sein Zimmer zurückgehen. Dabei musste er sich mit dem Kopf helfen. Er schlug seinen Kopf oft auf den Boden. Dann hielt er an und schaute sich um. Alle sahen ihn still und traurig an. Die Mutter saß müde im Sessel. Der Vater und die Schwester saßen zusammen. Die Schwester hielt den Vater am Hals. Gregor dachte, er könnte sich jetzt umdrehen. Er fing wieder an, sich zu drehen. Er musste schwer atmen und manchmal pausieren. Aber keiner drängte ihn. Er konnte sich Zeit lassen.

Er drehte sich um und ging geradeaus zurück. Er war überrascht, wie weit er von seinem Zimmer weg war. Er verstand nicht, wie er vorher diesen Weg so leicht zurücklegen konnte. Er war schwach. Er krabbelte schnell und achtete nicht darauf, dass seine Familie nichts sagte. Als er an der Tür war, drehte er seinen Kopf. Er konnte seinen Hals nicht gut bewegen. Aber er sah, dass alles gleich geblieben war. Nur seine Schwester stand auf. Er sah seine Mutter zuletzt. Sie schlief jetzt ganz.

Sobald er in seinem Zimmer war, machte jemand die Tür schnell zu. Sie wurde abgeschlossen. Der Lärm erschreckte ihn. Seine Beine knickten ein. Es war seine Schwester, die so schnell war. Sie stand schon bereit. Sie sprang vor und machte die Tür zu. Gregor hörte sie nicht kommen. Sie rief „Endlich!" zu ihren Eltern und schloss die Tür ab.

„Und jetzt?", dachte Gregor im Dunkeln. Er merkte, dass er sich

nicht mehr bewegen konnte. Das überraschte ihn nicht.
Er fand es eher komisch, dass er sich vorher mit seinen dünnen
Beinen bewegen konnte.

Er fühlte sich ziemlich wohl. Er hatte Schmerzen überall.
Aber die Schmerzen wurden weniger. Er dachte, sie würden bald
ganz weg sein. Er spürte den faulen Apfel in seinem Rücken kaum noch.
Der Apfel und die Haut drumherum waren weich und staubig.
Er dachte an seine Familie. Er dachte mit Liebe an sie. Er glaubte,
er sollte weggehen. Das glaubte er noch mehr als seine Schwester.
Er dachte ruhig nach, bis es drei Uhr morgens war. Er sah,
wie es draußen heller wurde. Dann fiel sein Kopf nach unten.
Er wollte das nicht. Sein letzter Atem kam schwach aus seiner Nase.

Am Morgen kam die Putzfrau. Sie war sehr schnell und stark.
Sie machte alle Türen laut zu. Sie hatte man gebeten, das nicht zu tun.
Aber sie machte es trotzdem. So konnte niemand mehr ruhig schlafen,
wenn sie da war. Sie ging wie immer zu Gregor. Zuerst sah sie nichts
Ungewöhnliches. Sie dachte, Gregor bewegte sich nicht mit Absicht.
Sie dachte, er tat beleidigt. Sie glaubte, er verstand viel. Sie hatte einen
langen Besen in der Hand. Damit versuchte sie Gregor von der Tür aus
zu kitzeln.

Als sie keinen Erfolg hatte, wurde sie wütend. Sie schob Gregor
ein wenig. Sie merkte erst, dass er sich nicht wehrte. Dann sah sie,
was wirklich los war. Sie machte große Augen und pfiff leise.
Sie blieb nicht lange stehen. Sie öffnete die Schlafzimmertür weit.
Sie rief laut ins Dunkle: „Schauen Sie! Es ist tot. Es liegt da, ganz tot!"

Herr und Frau Samsa saßen im Bett. Sie mussten sich erst beruhigen.
Dann verstanden sie, was die Putzfrau sagte. Sie standen schnell auf.
Herr Samsa nahm eine Decke. Frau Samsa kam im Nachthemd heraus.
Sie gingen in Gregors Zimmer.

Auch Gretchens Tür ging auf. Sie hatte bei den Mietern geschlafen. Sie war schon angezogen, als hätte sie nicht geschlafen. Ihr blasses Gesicht zeigte das auch. „Tot?", fragte Frau Samsa die Putzfrau. Sie konnte es selbst sehen. „Ja", sagte sie. Sie schob Gregors Körper mit dem Besen zur Seite. Frau Samsa wollte den Besen stoppen, tat es aber nicht. „Nun", sagte Herr Samsa, „jetzt können wir Gott danken."

Er machte das Zeichen des Kreuzes und die drei Frauen machten es nach. Grete schaute die Leiche an und sagte: „Seht, wie dünn er war. Er hat lange nichts gegessen. Das Essen kam rein und ging gleich wieder raus." Der Körper war ganz dünn und trocken. Das sah man jetzt besser, weil er flach lag und nichts im Weg war.

„Komm, Gretchen, komm kurz zu uns", sagte Frau Samsa traurig lächelnd. Grete ging ins Schlafzimmer, schaute aber nochmal zu der Leiche. Die Putzfrau schloss die Tür und öffnete das Fenster weit. Es war schon warm, obwohl es noch früh am Morgen war.
Es war Ende März.

Die drei Mieter kamen aus ihrem Zimmer. Sie suchten ihr Frühstück und waren überrascht. „Wo ist das Frühstück?", fragte einer von ihnen ärgerlich die Putzfrau. Sie machte „Pssst" und winkte ihnen, leise in das Zimmer der Leiche zu kommen. Sie gingen hin und standen dort mit den Händen in den Taschen ihrer alten Jacken.

Dann kam Herr Samsa aus dem Schlafzimmer. Er trug seine Uniform und hatte seine Frau und Tochter bei sich. Alle hatten Tränen in den Augen. Grete drückte ihr Gesicht an den Arm ihres Vaters.
„Gehen Sie sofort aus meiner Wohnung!", sagte Herr Samsa.
Er zeigte zur Tür und hielt die Frauen bei sich. „Was meinen Sie damit?", fragte einer der Männer. Er war überrascht und lächelte unsicher.
Die anderen beiden Männer hielten ihre Hände hinter dem Rücken.
Sie rieben sie immer wieder aneinander. Sie schienen sich auf einen

Streit zu freuen. Sie dachten, sie werden gewinnen. „Ich meine es so, wie ich es sage“, sagte Herr Samsa. Er ging mit den Frauen auf den Mann zu. Der Mann stand erst still und schaute nach unten. Es schien, als würde er in seinem Kopf alles neu ordnen. „Dann gehen wir“, sagte er dann. Er schaute zu Herrn Samsa hoch. Es sah so aus, als wollte er noch einmal eine Erlaubnis. Herr Samsa nickte ihm nur kurz zu. Der Mann ging dann wirklich schnell zum Vorzimmer. Seine Freunde hatten zugehört und sprangen ihm jetzt fast nach. Sie hatten Angst, Herr Samsa könnte vor ihnen ins Vorzimmer gehen. Sie wollten nicht von ihrem Anführer getrennt werden. Im Vorzimmer nahmen alle drei ihre Hüte vom Haken. Sie nahmen ihre Stöcke, verbeugten sich ohne ein Wort und gingen aus der Wohnung.

Herr Samsa ging mit zwei Frauen vor die Tür. Sie lehnten sich ans Geländer. Sie sahen, wie drei Männer langsam die Treppe hinuntergingen. Bis nach unten konnte man die Männer immer wieder kurz sehen. Dann waren sie verschwunden. Die Familie Samsa verlor das Interesse an den Männern. Ein Metzgerjunge mit einer Trage auf dem Kopf kam hoch. Da gingen Herr Samsa und die Frauen zurück in die Wohnung.

Sie wollten den Tag zum Ausruhen und Spazierengehen nutzen. Sie hatten es verdient und brauchten es. Sie setzten sich hin und schrieben drei Briefe, um sich zu entschuldigen. Herr Samsa schrieb an seinen Chef. Frau Samsa schrieb an ihren Kunden. Grete schrieb an ihren Musikdirektor. Die Putzfrau kam herein und sagte, sie gehe jetzt. Die drei nickten, ohne hochzuschauen. Als sie nicht ging, schauten sie ärgerlich. „Was ist?“, fragte Herr Samsa. Die Frau stand lächelnd in der Tür. Sie wirkte, als hätte sie gute Nachrichten. Aber sie wollte erst gefragt werden. Auf ihrem Hut war eine Feder. Die Feder bewegte sich. Herr Samsa mochte die Feder nicht. „Was möchten Sie?“, fragte Frau Samsa. Die Frau lachte und sagte: „Machen Sie sich keine Sorgen um die Sachen von nebenan.

Es ist alles geregelt." Frau Samsa und Grete wollten ihre Briefe weiter schreiben. Herr Samsa wollte nicht, dass die Frau alles genau erzählt. Er zeigte das mit der Hand. Die Putzfrau durfte nichts erzählen. Sie sagte schnell „Auf Wiedersehen" und ging. Sie schlug die Tür laut zu.

Herr Samsa sagte: „Abends wird sie entlassen."
Aber seine Frau und Tochter antworteten nicht.
Sie standen am Fenster und hielten sich umarmt.
Herr Samsa saß im Sessel. Er schaute sie eine Weile an.

Er rief: „Kommt her. Lasst die alten Sachen. Denkt auch an mich."
Die Frauen kamen schnell zu ihm. Sie gaben ihm Küsschen und beendeten ihre Briefe schnell. Dann gingen alle drei aus der Wohnung. Das hatten sie lange nicht gemacht. Sie fuhren mit der Straßenbahn raus aus der Stadt. Die Sonne schien warm in den Wagen.
Sie waren allein drin. Sie lehnten sich zurück und sprachen über die Zukunft. Sie dachten, dass es gut für sie aussah.
Alle drei hatten gute Anstellungen. Die Berufe versprachen auch für später viel Gutes. Sie wollten bald umziehen. Sie suchten eine kleinere und billigere Wohnung. Die neue Wohnung sollte besser liegen und praktischer sein. Die alte Wohnung hatte Gregor ausgesucht.
Während des Gesprächs sahen Herr und Frau Samsa ihre Tochter an.
Sie war früher blass. Sie war jetzt zu einem schönen und üppigen Mädchen aufgeblüht. Herr und Frau Samsa wurden stiller.
Sie schauten sich an und dachten das Gleiche.
Es war Zeit, einen guten Mann für ihre Tochter zu finden.
Sie fühlten sich bestärkt in ihren Träumen und Plänen.
Am Ziel ihrer Fahrt stand die Tochter als Erste auf
und dehnte ihren jungen Körper.

Impressum

Bibliografische Information der Deutschen Nationalbibliothek:
Die Deutsche Nationalbibliothek verzeichnet diese Publikation in der Deutschen Nationalbibliografie; detaillierte bibliografische Daten sind im Internet über dnb.dnb.de abrufbar.

ISBN 978-3-911420-16-7

Kontakt: welcome@aibo-publishing.de
www.aibo-publishing.de

Text in einfacher Sprache: Dr. phil. Patrick Krause
Design: Andreas Stobbe
Druck: Libri Plureos GmbH, Friedensallee 273, 22763 Hamburg

Mit freundlicher Unterstützung von Eye-Able (eye-able.com).

Welt-Literatur in Einfacher Sprache

Wir wollen, dass alle Menschen Bücher lesen können.
Auch Menschen, die Probleme beim Lesen haben.
Wir benutzen Einfache und Leichte Sprache.
So können mehr Menschen bekannte Bücher verstehen.

Wir werden viele Bücher in Einfacher Sprache machen.
Wir wollen dafür Computer-Programme nutzen.
Experten werden die Texte dann prüfen.
Sie machen die Texte besser und leichter zu verstehen.
Menschen, die schwer lesen, sollen die Texte testen.
Ihre Meinung ist wichtig.
So wissen wir, ob die Texte gut sind.

Unser Ziel ist es, dass alle Menschen Bücher lesen können.
Jeder soll Bücher der Welt genießen können.
Egal, ob jemand Probleme mit Sprache hat oder nicht.
Unsere Arbeit hilft dabei, dass mehr Menschen Kultur und Bildung bekommen.

Deshalb bringen wir viele Bücher in Einfacher und Leichter Sprache raus, zum Beispiel die auf den folgenden Seiten...

Theodor Fontane – Effi Briest

Theodor Fontanes bekanntester Roman erscheint zum ersten Mal in Einfacher Sprache. Er entspricht weitgehend der Norm DIN 8581-1. Der Inhalt ist auch typografisch besonders lesefreundlich gestaltet. Das Buch eignet sich für Leserinnen und Leser mit eingeschränkter Lesefähigkeit (LRS) oder Deutsch als Zweitsprache. So können möglichst alle einen der berühmtesten deutschen Romane mit Genuss lesen und verstehen.

„Effi Briest" handelt von Liebe und Freiheit. Eine junge Frau wird früh verheiratet. Sie ist hin- und hergerissen zwischen ihren Gefühlen und den strengen Regeln der Gesellschaft. Ihre Neugier und Lebensfreude ist ihr Schicksal. Sie steht zwischen zwei Männern. Diese liefern sich ein Duell. Das ist eigentlich nicht mehr zeitgemäß. Aber sie kennen keine anderen Prinzipien als die alten.

Der Roman spielt in Deutschland im 19. Jahrhundert. Man kann ihn mit dem russischen Roman „Anna Karenina" oder der französischen „Madame Bovary" vergleichen. „Effi Briest" wurde weltberühmt und öfter verfilmt. Theodor Fontane gilt als Vertreter des poetischen Realismus.

Ausgabe als Taschenbuch
288 Seiten
ISBN 978-3-9826254-7-8
Bestellbar unter https://t.ly/KhmMK

Immanuel Kant – Was ist Aufklärung? Und weitere Schriften: Was heißt: sich im Denken orientieren? Zum ewigen Frieden.

Was ist Aufklärung?

Immanuel Kant lebte in der Zeit der Aufklärung. Die Kirche und der Staat diktierten, wie man leben und denken sollte. Dagegen lehnten sich viele Dichter und Denker auf. Wissenschaftler hatten der Kirche schon viele Fehler nachgewiesen. Dichter wie Voltaire und Denker wie Rousseau sagten: Menschen sollen nicht alles glauben. Dann sind sie nicht frei. Sie klärten die Menschen über ihre eigene Kraft auf: ihren Verstand und ihre Vernunft. Im Denken kann man sich selbst orientieren.

Zum ewigen Frieden.

In Kants Zeit gab es viele Kriege und Revolutionen. Kant glaubte: Die menschliche Vernunft kann Kriege beenden. Dann herrscht für immer Frieden auf der Welt. Er dachte über die Voraussetzungen dafür nach. Auf Basis von diesem Text hat man in New York die Vereinten Nationen gegründet. Sie versucht diesen Frieden auf der ganzen Welt herzustellen.

Ausgabe als Taschenbuch
72 Seiten
ISBN 978-3-911420-03-7
Bestellbar unter https://t.ly/XlGtW

Johann Wolfgang von Goethe – Die Leiden des jungen Werther

Goethes berühmter Briefroman erscheint bei aibo zum ersten Mal in Einfacher Sprache. Der Text entspricht weitgehend der Norm DIN 8581-1. Der Inhalt ist typografisch besonders lesefreundlich gestaltet. Das Buch eignet sich auch für Leserinnen und Leser mit eingeschränkter Lesefähigkeit (LRS) oder Deutsch als Zweitsprache.

Der „Werther" war Goethes erster Roman.

Er wurde sofort ein Bestseller in ganz Europa. Goethe war da 25 Jahre alt und unglücklich verliebt. Er schrieb den Roman in Briefen. Goethes Held Werther schildert in jedem Brief seine unglücklichen Gefühle.

Werther ist in eine verlobte Frau verliebt. Sie heißt Lotte.
Lotte erwidert seine Gefühle. Aber es ist für die beiden zu spät.
Werther darf seine stürmische Liebe nicht zeigen.
Das bringt ihn zur Verzweiflung. Werther wird zum Außenseiter.
Und Lotte spielt mit seinen Gefühlen. Das ist alles zu viel für ihn …

Ausgabe als Taschenbuch
110 Seiten
ISBN 978-3-911420-07-5
Bestellbar unter https://t.ly/seqL5

Edgar Allan Poe – Der Untergang des Hauses Usher und andere Kurzgeschichten

Eine Auswahl von Poes Kurzgeschichten erscheint hier in Einfacher Sprache. Der Text entspricht weitgehend der Norm DIN 8581-1. Der Inhalt ist typografisch besonders lesefreundlich gestaltet. Das Buch eignet sich auch für Leserinnen und Leser mit eingeschränkter Lesefähigkeit (LRS) oder Deutsch als Zweitsprache.

Der amerikanische Schriftsteller Edgar Allan Poe wurde mit seinen Gedichten und Schauergeschichten berühmt. In diesem Band sind seine bekannten Kurzgeschichten versammelt. Sie handeln von Menschen und ihren merkwürdigen Schicksalen. Sie erleben fast unmögliche Dinge. Mal scheinen sie selbst dafür verantwortlich zu sein. Mal erleben sie nahezu gespenstische Dinge. Mörder erzählen ihre eigene Geschichte. Detektive decken eine scheinbar unmögliche Begebenheit auf … und sogar Seemannsgarn kann bei Edgar Allan Poe wie Horror klingen. Bekannt wurde auch die Vertonung einiger „Erzählungen voller Geheimnisse und Fantasie" („Tales of Mystery and Imagination") vom Musiker Alan Parsons in den Siebziger Jahren. Poe gilt als einer der Väter des „Mystery Thrillers".

Ausgabe als Taschenbuch
130 Seiten
ISBN 978-3-911420-12-9
Bestellbar unter https://t.ly/wjw8H

Jacob und Wilhelm Grimm – Deutsche Märchen

Der amerikanische Psychologe Joseph Campbell analysierte etliche Mythen und Märchen der Welt und fand überall die gleichen Themen: die Fragen und Bedürfnisse der menschlichen Seele. Das gilt auch für die Märchen der Brüder Grimm. Deshalb sind sie heute noch aktuell.

Märchen sind Geschichten zum Weitererzählen. Die Kinder- und Hausmärchen der Brüder Grimm erschienen zwischen 1812 und 1858. Erst sammelten die Romantiker Clemens Brentano, Achim von Arnim und Johann Friedrich Reichardt lauter Liedtexte für ihren Sammelband „Des Knaben Wunderhorn“. Dann sollten die Brüder Grimm ihr Werk fortsetzen. Jacob und Wilhelm Grimm sammelten hunderte deutsche Volksmärchen und schrieben sie in einheitlichem Stil nieder.
Mit ihren mehr als 200 Geschichten schufen die Gebrüder Grimm eine eigene deutsche Mythologie. Ihre Märchen wurden bald in allen deutschen Haushalten vorgelesen. Die Parabeln enthalten unzählige Lehren.

Diese Auswahl von „Grimms Märchen“ erscheinen hier in Einfacher Sprache. Der Text entspricht weitgehend der Norm DIN 8581-1.
Der Inhalt ist typografisch besonders lesefreundlich gestaltet und reich bebildert.

Ausgabe als Taschenbuch
140 Seiten
ISBN 978-3-911420-21-1
Bestellbar unter https://t.ly/5k6tL

Lewis Carroll – Alice im Wunderland

Nonsens, Satire und logische Verdrehungen: Seit 160 Jahren begeistert Lewis Carrolls fantasievolle Kindergeschichte „Alice im Wunderland“ Kinder, Eltern sowie Vertreter von Kunst, Literatur und Popkultur. Die Abenteuer und Begegnungen der kleinen Alice nach ihrem Sprung in den Kaninchenbau haben schon kurz nach ihrer Erscheinung Oscar Wilde, Queen Victoria und später die Surrealisten, James Joyce oder auch John Lennon fasziniert. Im sittenstrengen 19. Jahrhundert war es außer der Norm, einmal alle Regeln der Wissenschaften und der Vernunft auf den Kopf zu stellen, und gerade deshalb wurde das bunt illustrierte „Alice im Wunderland“ wohl zu solch einem Erfolg.

Der vielseitige Lewis Carroll wurde schon als Kind als Genie gehandelt, war in Mathematik wie in Theologie bewandert. Auch die Fotografie fesselte ihn. Beruflich wurde er Diakon. Bei einer Bootsfahrt auf der Themse zwangen ihn die Kinder seines Dekans – unter ihnen Alice Liddell – eine Geschichte zu erzählen und buchstäblich immer weiter zu spinnen. So entstand „Alice im Wunderland“, eines der erfolgreichsten Kinderbücher aller Zeiten.

Der Inhalt ist mit digitalen Illustrationen reich bebildert.

Ausgabe als Taschenbuch
136 Seiten
ISBN 978-3-911420-23-5
Bestellbar unter https://t.ly/-MCY0

Thomas Mann – Der Tod in Venedig

Gustav von Aschenbach ist ein bekannter Schriftsteller.
Er lebt sehr diszipliniert und für seine Arbeit.
Auf einer Reise nach Venedig begegnet er dem Jungen Tadzio.
Aschenbach bewundert seine Schönheit.
Er denkt über Kunst, Leben und Vergänglichkeit nach.
Die Bewunderung verändert ihn. Er verliert seine innere Ordnung.
In Venedig breitet sich eine gefährliche Krankheit aus.
Viele Menschen reisen ab. Aschenbach bleibt.
Die Geschichte handelt von:
- Schönheit und Vergänglichkeit,
- Vernunft und Gefühl,
- Leben und Tod.

„Der Tod in Venedig“ ist eine stille, nachdenkliche Geschichte.
Sie zeigt, wohin Gefühle einen Menschen führen können.

Dieses Buch erscheint zum allerersten Mal in Einfacher Sprache.
Der Text entspricht weitgehend der Norm DIN 8581-1.
Der Inhalt ist typografisch besonders lesefreundlich gestaltet.
Das Buch eignet sich auch für:
- Leser und Leserinnen mit eingeschränkter Lesefähigkeit (LRS),
- Menschen mit Deutsch als Zweitsprache.

Ausgabe als Taschenbuch
124 Seiten
ISBN 978-3-911420-56-3
Bestellbar unter https://t.ly/bdFJv